LA RELIURE FRANÇAISE

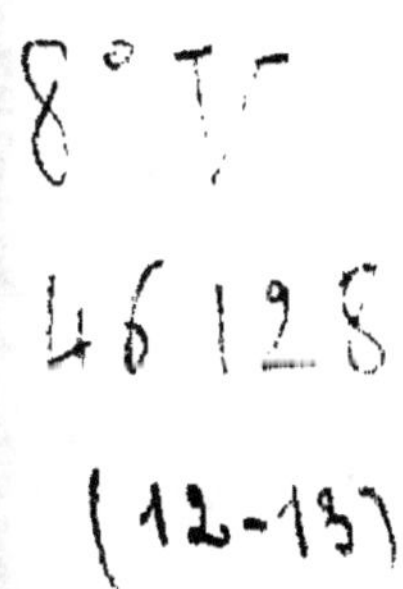

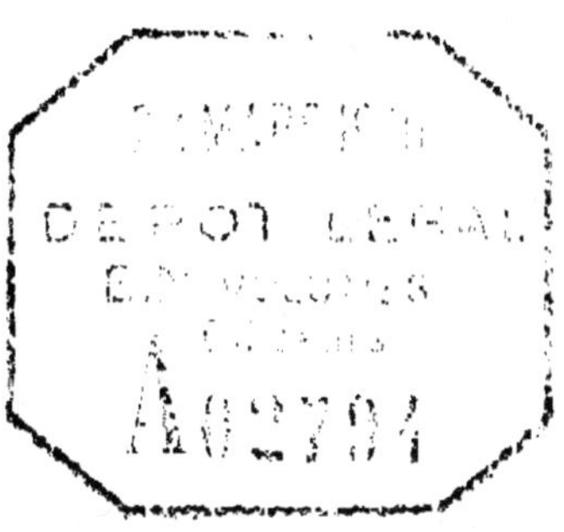

ARCHITECTURE ET ARTS DÉCORATIFS

Collection publiée sous la direction de M. Louis HAUTECŒUR

LA RELIURE FRANÇAISE

PAR

ÉTIENNE DEVILLE

Conservateur de la Bibliothèque et du Musée
de Lisieux

I. — Des origines a la fin du XVIIᵉ siècle

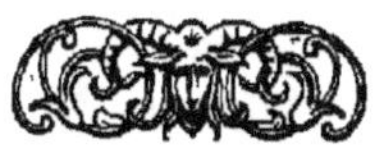

PARIS ET BRUXELLES
LES ÉDITIONS G. VAN OEST

—

1930

LA RELIURE FRANÇAISE

I. — Les Origines.

Dans le mobilier de la société civilisée, a écrit L. Derome, le livre tient la place d'honneur. Il est le symbole de la supériorité de l'homme et celui de la civilisation sur la barbarie.

Antérieurement à la découverte de l'imprimerie, les progrès de l'art du relieur furent assez lents. C'était un simple métier auquel les autres arts venaient en aide et, bien souvent, il arrivait que le relieur n'avait qu'une très faible part dans l'habillement des beaux livres.

Le *liéeur* était simplement un ouvrier cousant ensemble les feuillets d'un manuscrit, sans autre science que de serrer le tout solidement avec nerfs et cordelets. Aussitôt que le luxe s'en mêlait, le relieur ne comptait plus. Sur les volets ou *ais* de bois dont on fermait le livre, les écriniers, les émailleurs, les joailliers, les brodeurs sur étoffe et les orfèvres prodiguaient les richesses de leur talent pour réaliser ces chefs-d'œuvre que nous admirons encore aujourd'hui.

Lorsque vers le commencement du ive siècle, un changement s'opéra dans la disposition des livres et qu'ils passèrent de leur état primitif de rouleau, *volumen*, à la forme carrée qu'ils affectent encore aujourd'hui, les relieurs durent s'appliquer à trouver un système de couverture approprié à la mode nouvelle.

Ces ais de sapin, d'orme ou de chêne qu'on fixait sur le livre étaient de véritables portes ; aussi l'œuvre des relieurs s'exprimait en ce temps-là bien moins encore par le mot lier, *ligare,* que par les mots fermer, calfeutrer, *claudere*. On le voit par une des inscriptions que les ouvriers en reliure mettaient en lettres rouges, avec une date, au bas des livres sortant de leurs mains : « Explicit primum volumen Summe de Casibus quem ligavi et clausi pro necessitate hujus ecclesiœ. » Ici, l'ouvrier ne s'est pas nommé, il n'était pas toujours aussi modeste. Quelques relieurs étalaient leur nom au beau milieu de l'encadrement qu'ils frappaient sur les plats.

Les livres magnifiques, orgueil des grandes collections, constituent de véritables trésors, tant par les matières employées que par leur réalisation. En effet, l'or, l'argent, les pierres précieuses, les émaux, l'ivoire concourent à donner à ces volumes l'aspect de véritables joyaux.

Il est assez difficile de déterminer exactement à quelle époque on appliqua, pour la première fois, l'orfèvrerie et la toreutique à l'ornementation des livres. Le plus ancien exemple de reliure métallique est peut-être l'Évangéliaire offert par Constantin à la principale église de Rome, en 326, couvert d'or et de pierres précieuses. La *Notitia dignitatum utriusque imperii*, écrite vers l'an 450, parle également des livres décorés sur les plats du portrait de l'empereur, avec de petites verges d'or disposées horizontalement ou en losanges. Anastase le Bibliothécaire a mentionné une multitude de reliures précieuses, sous les premiers papes. Les reliures émaillées ne sont pas d'un moindre intérêt que leurs congénères en métal. Le musée de Cluny étale, au milieu de ses richesses artistiques, deux plaques d'émail du XIIᵉ siècle, qui sans doute ont recouvert quelque vieux manuscrit. L'une a pour sujet l'adoration des Mages, l'autre saint Étienne de Muret, fondateur de l'ordre de Grandmont, conversant avec saint Nicolas. Jules Labarthe a prétendu qu'après la chute de l'empire, on employa les diptyques à décorer la couverture des manuscrits, usage qui permit d'en sauver un très grand nombre. Si la seconde partie de son assertion est exacte, il n'en est pas de même de la première, car le plus ancien monument connu de ce genre, le diptyque païen du IIIe siècle, conservé à la bibliothèque de Sens, recouvre un manuscrit du XIIIe siècle. Il en est de même pour un Évangéliaire du IXe siècle, à la Bibliothèque nationale, dont les plats remontent au IVe ou au Ve siècle.

Le siècle de Charlemagne est un de ceux qui nous ont légué le plus grand nombre de ces somptueuses reliures. On sait que les souverains offraient volontiers, pendant les premiers siècles du moyen âge, aux maisons religieuses, aux grands dignitaires de l'Église, des Bibles, des Missels, des Évangéliaires splendidement reliés. Nous ne connaissons que par des textes l'Évangéliaire de Saint-Riquier, donné à ce monastère, par Charlemagne, en 793 ; celui de Saint-Maximin de Trèves, offert par Adda, fille de Pépin et sœur de Charlemagne, et celui de Saint-Médard de Soissons qui a perdu, depuis le XVIIIe siècle, sa très riche couverture de filigranes de vermeil.

Ces livres précieux n'étaient pas rares dans les trésors des princes ; le comte Evrard, gendre de Louis le Débonnaire, en possédait plusieurs dont on retrouve la trace dans son testament, daté de l'année 837. Il y est parlé d'un Évangéliaire et d'un Lectionnaire recouverts d'or, de livres de plain-chant enrichis d'or, d'argent et d'ivoire.

Les livres, à cette époque, avaient une si grande valeur et étaient d'une si grande délicatesse de facture, qu'ils étaient tous reliés aussitôt terminés. Mabillon cite un diplôme de Charlemagne autorisant les religieux de Saint-Bertin à tuer dans ses forêts les cerfs et les daims dont les peaux seraient nécessaires pour la reliure des ouvrages appartenant à l'abbaye. Vers 850, Geoffroy Martel, comte d'Anjou, ordonnait que la dîme des peaux de biches prises dans l'île d'Oléron, serait consacrée à relier les livres de l'abbaye qu'il avait fondée à Saintes et Guibert de Nogent raconte, dans sa vie, qu'après une visite aux Chartreux de Grenoble par le comte de Nevers, ce seigneur leur envoya des cuirs de bœufs et des parchemins dont ils avaient grand besoin.

Il est à peu près impossible de suivre les progrès de la reliure du ixe au xve siècle. Il faut se contenter des merveilleux et rares spécimens qui sont parvenus jusqu'à nous et qui prêtent encore à la discussion, tant par la recherche de leur origine positive que par les procédés de leur fabrication.

Les planches I-III reproduisent quelques types de ces monuments primitifs de la reliure française. La première, ixe ou xe siècle, est empruntée à un Évangéliaire de la cathédrale de Metz aujourd'hui à la Bibliothèque nationale. Le sujet représenté est une Crucifixion, accompagnée des personnages habituels. La seconde appartenant à un manuscrit du même dépôt, à peu près de la même époque, recouvre un Psautier de Charles le Chauve ; sa décoration est inspirée du psaume XLV. Enfin, la couverture d'un Évangéliaire de Saint-Maurice en Valais, aujourd'hui à Londres, dans la bibliothèque royale de Kensington, donne une parfaite idée de l'ordonnance et de la composition de ces reliures.

Gustave Brunet a, très justement, fait remarquer que les reliures en métal décorées de diverses façons, désignées sous le nom de reliures byzantines, sont très rarement de la même époque que les manuscrits qu'elles recouvrent. On y rencontre parfois un singulier mélange d'ornements, d'époques et de provenances différentes. Ce sont à la fois des camées, des émaux, des incrustations d'or, des bas-reliefs en ivoire ou en métal, des cabochons ou des pierres précieuses, ayant un caractère des plus opposés. On a même supposé que d'anciennes reliures, faites primitivement, ont été employées plus tard à des livres de plus grand format, en ajoutant des bordures aux plaques fixées sur les plats.

On connaît un assez grand nombre de ces plaques à reliefs ; une des plus curieuses est celle que H. Quignon a étudiée et décrite, lors du Congrès archéologique tenu à Beauvais en 1905. C'est une plaque en os, faisant alors partie de la collection Troussures, représentant deux évêques de Beauvais du XIIe siècle, Hervé et Roger de Champagne. Sur ce petit bas-relief, en forme de diptyque, le nom de chaque prélat est inscrit dans l'arc, en capitales romaines, légèrement creusées et rehaussées de rouge (Pl. IV). On peut rapprocher, comme étant de la même époque, la couverture d'Évangéliaire (Pl. V) décorée de sculptures, d'émaux, de cabochons et de filigranes, offrant un type bien caractéristique de ces sortes de couvertures.

Il arriva quelquefois que cette ardeur à parer les saints livres de tout ce qui semblait devoir les orner, amena de singulières confusions des choses saintes avec les choses profanes. Sur un Évangéliaire qui fut longtemps à la Sainte-Chapelle, et qui se trouve aujourd'hui à la Bibliothèque nationale, on voit, enchassée dans la reliure en vermeil au-dessus d'un groupe représentant la Crucifixion, une magnifique améthyste représentant, en intaille, le buste de profil de Caracalla. On avait pris pour saint Pierre cet abominable empereur, qui se trouve ainsi étrangement dépaysé sur cette reliure.

Les Croisades, en introduisant chez nous une multitude de coutumes luxueuses, durent d'autant mieux influer sur la reliure que les Arabes connaissaient, depuis bien longtemps, l'art de préparer, de tendre, gaufrer et dorer les peaux dont ils se servaient pour faire des couvertures à leurs livres ; aussi nos artistes ne manquèrent pas de mettre à profit ces brillants modèles.

A côté de ces somptueuses reliures, spécialement réservées à des exemplaires de choix, on rencontre les reliures dites monastiques (Pl. VI) le plus souvent en cuir, sur ais de bois, travaillées à *ampraintes*, c'est-à-dire revêtues d'ornements frappés à froid, obtenus à l'aide d'une forte pression prolongée sur une surface détrempée au préalable. La décoration était complétée par des cabochons de métal plus ou moins ciselés, des *ombilics*, et des coins, qui isolaient et préservaient la reliure. Les plus intéressants spécimens de ces reliures estampées, furent exécutés dans le nord de la France et dans les Flandres.

Quand le livre avait été solidement lié, puis revêtu de cuir ouvragé ou de velours par le relieur sans privilège, il passait de ses mains dans celles de l'orfèvre qui, seul, avait le droit de l'orner d'un *fermail*, de le parsemer de clous d'or, d'argent ou de laiton et d'achever ainsi sa toilette. Le relieur ne le reprenait que pour adapter sur son riche habit une enveloppe protectrice que les anciens textes désignent sous les noms de *camisœ*, *camisulœ*, *manutergiœ*, sortes de chemises qui permettait au volume de passer de main en main sans dommage. Cette chemisette se faisait ordinairement en un cuir très léger appelé *chevrotin*, ou en une sorte de soie peluchée qu'on appelait *cendal*.

Un autre accessoire de reliure dont il faut parler, car l'usage en était fréquent : les *pippes*, tiges légères faites de métal ou de pierre précieuse, auxquelles on attachait les *signaux* ou *signets*, qu'on fixe aujourd'hui au tranche-fil. Il y en avait d'argent doré « à plusieurs signeaulx de soye », d'autres faits d'une « grosse perle » avec des signets « d'un camocas de plusieurs sortes ». Il y a loin de cette richesse à la pauvreté du bon prêtre dont parle Molinet, lequel n'avait que des fleurs pour marquer les pages de son Bréviaire :

Dom prieur, vers l'après-dînée,
Si trouva à sa sainturelle,
Deux ou trois brins de violette
Qu'il portait, pour signer ses Heures.

Pendant tout le moyen âge, l'art de la reliure fut, pour ainsi dire, un art monastique, qui ne progressa guère que dans les cloîtres et dans les palais, sans être divulgué dans les villes. Pour échapper aux réclamations des industries voisines, quand on voulait s'occuper de la parure des livres, il fallait être moine dans un de ces monastères à la porte desquels expirait tout privilège autre que ceux de la maison, ou bien être le familier de quelque grand seigneur assez haut titré pour faire de son hôtel un lieu de franchise industrielle. C'est ce qui explique le petit nombre de relieurs à Paris à la fin du XIIIe siècle. En effet, lorsqu'en 1299 la taille fut levée sur les habitants de la capitale, pour les besoins du roi, on ne constata la présence, dans toute la ville, que de 17 *lieurs de livres*.

Le luxe des livres, à la fin du XIVe siècle, était encore en grand honneur, témoin la bibliothèque de Charles V, dont Gilles Malet dressa le catalogue, en 1373. Presque tous les volumes sont richement habillés de « cuir rouge à ampraintez, de soie à queue, de veluyau à fleurs de lis, de brodure, de pel velue ou de parchemin ». La lecture de ce catalogue est très intéressante et nous prouve que la reliure, à cette époque, était à peu près telle que nous l'avons vue aux premiers siècles. On y retrouve en effet le cuir blanc ou vermeil, le velours, les draps de soie et de satin, les gros clous de cuivre ; les fermoirs en or, en argent, en cuivre ou même en fer, qui avaient pour objet de tenir sans cesse en presse le vélin qui se dilate au contact de l'air chaud. Ces fermoirs étaient presque toujours émaillés et ornés, soit de figures finement gravées, soit des armes du seigneur auquel le volume appartenait.

*
* *

C'est dans les inventaires, dans les comptes des rois et des princes qu'il nous faut chercher pour retrouver quelques noms de relieurs de ces époques lointaines. C'est ainsi que nous y apprenons qu'en 1302, Olivier Le Barbier reçut IX sols pour une couverture d'or et de soie qu'il fit faire à un livre de la comtesse Mahaut d'Artois. Dans les comptes du roi Jean, en 1358, on voit figurer, pour XXXII deniers, Marguerite la reliéresse, et Jacques, relieur de livres, touche III sols VI deniers pour avoir relié un des Bréviaires de la chapelle, mis : « unes ais toutes neuves et le couvrir d'une pel vermeille, le broder et blanchir ». En 1367, Mathieu Congnée, lieur de livres, touche XX sols parisis pour avoir relié et couvert de neuf le Missel de la grande chapelle du Louvre ; et Martin Lhuillier reçoit du duc de Bourgogne XVI francs pour la couverture de huit livres dont six de « cuir en grain ». On trouve, en 1380, Pierre d'Araines, relieur de livres, demeurant en la rue Neuve Notre-Dame, qui relie pour le roi Charles VI, moyennant VI sols parisis, deux gros livres en parchemin. Trois ans plus tard, il exécute encore un autre travail pour le même prince.

II. — La Reliure au XVe Siècle.

La découverte de l'imprimerie, qui popularisa le livre, porta un coup terrible à son luxe. Il lui fallut subir le sort de tout ce qui se démocratise et, pour pénétrer dans le peuple, s'habiller plus simplement. Chez les grands seigneurs et dans les abbayes, il ne changea rien d'abord à sa magnificence extérieure, mais ailleurs, chez les lecteurs nouveaux que la vulgarisation du livre

avait fait surgir, il fallut que, devenu chose du peuple, il se pré-
sentât dans un déshabillé plus populaire ; tout changea en lui.

Dans l'intérieur des volumes, le papier de chiffon, depuis
longtemps connu, mais presque toujours dédaigné, remplaça
le parchemin et, en revanche, le parchemin remplaça sur les
couvertures le velours et la soie. Ce fut un grand avantage pour
les pauvres *liéeurs* de livres, qui végétaient rue d'Erembourg-de-
Brie ou bien non loin de Saint-Jacques, vers la rue de la Hau-
merie. Ils eurent dès lors une clientèle plus nombreuse et que le
bon marché des nouvelles matières employées leur permit de
satisfaire sans peine.

L'inventaire des livres de Charles V, le Catalogue de la librai-
rie de Jean duc de Berry, en son château de Mehun-sur-Yèvre,
en 1416, nous décrivent encore de fort belles reliures, mais ce
sont des productions antérieures. Il avait fallu renoncer aux
pierres, aux métaux précieux et aux étoffes quand on s'était
trouvé en présence de plusieurs centaines de volumes à relier.
Le fer et le cuivre avaient aussi disparu et le carton allait bientôt
remplacer les ais de bois. Chez les grands seigneurs, le livre changea peu d'aspect, je n'en veux pour preuve que la riche bibliothèque de Louis de Bruges, sieur de la Gruthuyse, acquise par
Louis XII, et dont les exemplaires étaient toujours revêtus de
velours uni ou ciselé et de diverses couleurs par d'habiles ouvriers, dont Livin Stuart semble avoir été été le plus expert.

Nous trouvons chez la reine Anne de Bretagne, ce que l'on
chercherait en vain chez Louis XII, mais, ce qui nous intéresse
fait le plus souvent défaut : le livre survit, mais d'ordinaire sous
un autre habit que celui qui lui fut donné primitivement. Le
magnifique livre d'Heures d'Anne de Bretagne, par exemple, ne
nous est parvenu que sous un vêtement d'emprunt, taillé dans
le chagrin noir à la mode pour les livres de piété du temps de

Louis XIV, faisant si tristement anachronisme avec l'ornementation intérieure du volume où l'art du xve siècle est si richement et si délicatement en fleur. Les deux fermoirs d'argent doré, portant l'initiale couronnée de la reine Anne, adaptés à la reliure moderne, sont tout ce qui reste de la première parure, dont le marchand tourangeau, Guillaume Mesnager, avait vendu le « veloux cramoisy » moyennant XX sols tournois.

Parmi les volumes composant la bibliothèque de cette reine s'en trouvaient quelques-uns qui sortaient de la célèbre boutique d'Antoine Vérard, et que le grand libraire parisien était venu lui-même présenter à la souveraine. Ces livres étaient sortis de son officine complets et reliés, car Vérard était un de ces libraires privilégiés qui, sous l'enseigne d'un seul métier, pouvaient réunir dans leur main les industries diverses qui concouraient à la fabrication du livre

Sur un très précieux exemplaire appartenant à la Bibliothèque Mazarine (Pl. VIII) couvert en cuir, figurent les mouchetures d'hermine et les porcs-épics indiquant que le volume avait appartenu à Louis XII, mari d'Anne de Bretagne, ce qui nous reporte au moins à 1499, c'est-à-dire à la fin du xve siècle. Son exécution est assez grossière, mais elle est curieuse. On y voit que les gaufrures sont empruntées à la sculpture sur bois contemporaine. Si l'on songe aux délicieux encadrements de Simon Vostre ou de Pigouchet, on s'étonnera de voir dans un tel degré d'infériorité un métier ayant où s'inspirer, où puiser des motifs gracieux de décoration. On sait d'ailleurs que la plupart des volumes qui furent reliés à Blois, sous le règne de Louis XII, sont l'œuvre d'un prêtre nommé Gilles Hannequin.

Il m'a paru intéressant de rapprocher de cette reliure le curieux étui à missel (Pl. VII) que j'ai vu autrefois à Bernay (Eure) et qu'un érudit local, Ern. Veuclin, communiqua au Congrès des

Sociétés des Beaux-Arts des Départements en 1911. Sur cha-
cune des parties de cet étui sont gravés, à la pointe ou au burin,
des sujets dont l'exécution rappelle les œuvres d'art de la même
époque, notamment les gravures sur bois. C'est un spécimen
remarquable et fort rare de la gainerie du moyen âge.

A cette époque, les administrations royales se fiaient peu à la
discrétion du relieur, et l'on voulait que son ignorance en fût
une garantie. Ce fait très curieux nous est confirmé par l'acte
de réception de Guillaume Ogier qui, pour être admis, le 30 juillet 1492, comme relieur des « Comptes de la Chambre de céans, a
dit et affirmé par serment qu'il se seet lire ne escripre ! ». Chez les
Alde, à Venise, il était loin d'en être ainsi !

Les précieux répertoires d'artisans de l'art du livre, publiés par
Coyecque, le baron Pichon, Vicaire et Ph. Renouard, permettent
de citer quelques noms de relieurs de cette époque, regrettant
toutefois de ne pas connaître au juste leurs travaux. C'est ainsi
que j'y ai relevé les mentions de : Geoffroy Le Roux, 1465 ; Jean
Le Peletier, 1472 ; André Boule, un de ceux qui ont exercé le
plus longtemps, de 1479 à 1530 et qui employait pour la décoration de ses reliures deux plaques représentant l'une la Crucifixion et l'autre le martyre de saint Sébastien, au bas desquelles
était gravé son nom : *André Boule* ; Regnault Fullole, 1481-1488 ;
Guérin Rohart, 1485-1488 ; Simon Vostre, un des relieurs jurés
de l'Université, 1486-1520, dont Pierre Rosset acheta le matériel
dans la suite ; Bernard Hémon, 1487-1492 ; Toussaint Denis,
rue Saint-Jacques, à la *Croix d'Or*, 1488-1529 ; Crespin Daillant
et Robert Daillon, 1488 ; Colin Blanchart, demeurant près Saint-
Martin-des-Champs, 1489 ; Guillaume Eustache, rue de la Jui-

verie, *aux deux Sagittaires*, 1492-1528 ; Edmond Bayeux employait, en 1493, deux plaques représentant l'Annonciation et le martyre de saint Sébastien, sujet très en vogue alors, autour desquels on lisait : *O Mater Dei memento famuli tui Edmundi Bayeux* ; à la même date, on trouve Théodore Richard, qui s'était placé sous la protection de sainte Barbe dont il avait adopté l'image pour orner ses reliures ; en 1494, Jacques Gavet faisait parler ses reliures : entre deux bandes de petits compartiments sphériques remplis d'ornements ou d'animaux, on lit : *Jacobus Gavet me ligavit* ; Jean Le Breton, rue du Mont Sainte-Geneviève, à la *Petite Pomme rouge*, 1495 ; Jean de Maisantaiz, rue Saint-Denis, à l'hôtel des Filles-Dieu, 1497 ; Denis Rosse, rue Saint-Jacques à l'*Image Saint-Martin*, 1498-1520, dont on connaît plusieurs reliures estampées portant sa marque et son nom, notamment un Bréviaire de Paris, imprimé en 1488, à la Bibliothèque nationale, et un Traité de saint Bernard, à la Bibliothèque de Poitiers ; et enfin Pierre Boulle, rue Saint-Jacques, 1499-1508.

III. — La Reliure au XVIe Siècle.

Avec le xvie siècle s'ouvre une véritable période de rénovation. Aux ais de bois plus ou moins amincis, selon la forme du volume, succédèrent les plats de carton qu'on recouvrait de peau de truie, de veau ou de parchemin, gaufrés ou estampés avec un grand goût, ou bien guillochés de légères dorures. L'industrie du parchemin avait toujours marché de compagnie avec celle du relieur mais sans jamais s'y confondre. L'une prospérait, l'autre restait précaire. Désormais, leurs intérêts étant de plus en plus unis, elles se mêleront et l'Université, de qui toutes deux dépendent, laissera faire. On trouvera dans le quartier de la science beaucoup de relieurs « vendoyeurs de parchemin ».

La mode du carton, tout en prenant faveur au XVIᵉ siècle, n'avait pas fait complètement disparaître l'usage des reliures en bois. Certes, ces planchettes, facilement vermoulues, étaient pour le livre un élément de destruction plus que de conservation. Au bout d'un certain temps, les vers sortaient du bois par fourmilières et les pages envahies étaient bientôt criblées, dévorées.

Comme il arrive en toute chose aux époques de transition, quelques routiniers hésitaient encore, gênés entre la vieille manière, qui était fort coûteuse, et la nouvelle, aussi élégante, bien que meilleur marché ; on ne savait pas trop si pour la couverture du livre on adopterait le velours et la soie ou si l'on se déciderait, plus économiquement, pour une bonne reliure en veau de nouvelle façon ; enfin si on la ferait gaufrer avec des fers à froid ou si plutôt on la ferait orner de ces dorures légères - dont on commençait à guillocher les livres. Cette perplexité des amateurs se trouve très curieusement indiquée dans le premier dialogue du *Cymbalum mundi* où nous voyons Mercure envoyé sur terre par Jupiter pour faire relier à neuf le *Livre du Destin*.

Le carton ne se fabriquait pas comme aujourd'hui ; on le faisait avec des feuilles de papier collées l'une contre l'autre et c'étaient les pages des vieux livres qui servaient naturellement à cet usage. Que de livres disparus de cette façon ! Que d'images aussi ! Pour qui sait les mystères du cartonnage des anciens relieurs, chaque vieux livre est toujours un peu double, et souvent l'inconnu qui enveloppe vaut bien mieux que le livre trop connu qui est enveloppé. Il y a là quelque chose qui fait songer à Herculanum et à Pompéi superposées. Seulement ici, c'est la chose morte qui recouvre la chose vivante. Comment ne pas évoquer ici les curieuses découvertes faites par les Hénin, Colnaghi, Lorédan-Larchey, Veinant, Vallet de Viriville, dans les flancs de vieux cartons habilement dépecés. Emile Chatelain a publié, dans la *Revue des Bibliothèques*, un très intéressant article sur les *Secrets des vieilles reliures* et moi-même, dans le *Journal de Rouen*, ai raconté les trouvailles faites dans des cartons recouvrant des ouvrages du XVIe siècle.

Avec la seconde moitié du règne de Louis XII commencent les premiers essais de dorure sur la couverture des livres, encore cette dorure très discrète est-elle mélangée avec une décoration à froid plus importante. C'est à partir de cette époque qu'on peut examiner le style de la renaissance, car avant de se manifester par les belles compositions dorées du temps de François Ier et de Henri II, elle a véritablement commencé sur les reliures à froid dont l'ornementation, jusque là un peu heurtée, se modifie, s'assouplit dans la forme des ornements employés. Ce n'est plus le chardon, ni les feuillages gothiques, ni les lignes brutales des premiers temps ou les arcatures majestueuses mais raides des XIIIe et XIVe siècles ; les compartiments, composés de rinceaux fleuris, renferment des motifs moins primitifs, plus soignés.

Ce fut vers le commencement de ce siècle qu'apparurent les premières tranches dorées et même ciselées au burin, celles qu'on a l'habitude d'appeler *antiquées*. Tout en commençant à les dorer on les a décorées, comme les plats, à l'aide de compartiments, de légendes, d'ornements de toute sorte. On trouve aussi sur les tranches, des inscriptions qui ne sont pas des noms, mais des légendes et des devises religieuses. Le travail de décoration des tranches était obtenu avec un petit burin dont le motif, répété l'un à côté de l'autre, formait dessin et était incrusté dans les feuillets du livre, à l'aide d'un marteau, comme cela du reste se fait encore aujourd'hui.

Il fallut que la France trouvât encore en Italie des maîtres capables de lui révéler des secrets de composition et d'arrangement. Les guerres de Charles VIII et de Louis XII n'auraient-elles eu que ces résultats artistiques, qu'on ne saurait se plaindre des sommes énormes qu'elles ont englouties. Le curieux de l'aventure fut qu'un trésorier des guerres, un financier, employé par les rois de France dans ces expéditions, devait, grâce à des relations de goût et d'amitié avec les Alde de Venise, apporter en France l'amour des reliures somptueuses, des éditions superbement habillées, je veux nommer Jean Grolier.

Ce bibliophile du XVIᵉ siècle fut bien réellement, avant même le roi François, avant tous autres, le premier à comprendre l'art des reliures. Jean Grolier, vicomte d'Aiguisy, naquit à Lyon, en 1479, d'Etienne Grolier, gentilhomme du duc d'Orléans, plus tard Louis XII. Sa famille était d'origine italienne, ce qui explique son goût des arts élégants et du luxe. Ce n'est point trop de dire l'art, car si l'on n'avait jamais fait mieux avant, on peut assurer sans crainte, que jamais on ne fit mieux depuis, et que les livres de Grolier resteront comme les types les plus parfaits et les plus admirables de ce genre de décoration (Pl. IX et X).

On peut les rapprocher de celles de cet énigmatique personnage, Thomas Maioli, dont le nom ne se trouve jamais en dehors de ses reliures et auquel Grolier emprunta sa fameuse devise *Jo. Grollierii et amicorum,* à jamais célèbre chez nous. Les relations de Grolier avec cet inconnu ne sont pas douteuses. Brunet possédait un ouvrage qui avait appartenu à Maioli et était passé aux mains de Grolier.

Ce fut au temps où il voyagea en Italie à la suite des armées françaises qu'il commença ses collections. Il avait adopté comme signature personnelle en armes parlantes, un groseillier, répondant par à peu près à son nom, et sa devise latine *nec herba nec arbor,* expliquait sa médiocrité dorée.

Les plus pénétrants historiographes de Grolier, en dépit de longues et persévérantes recherches, n'ont pu découvrir aucun document relatif aux relieurs qu'il employait. On a avancé, sans preuves à l'appui, que le maître ouvrier favori de Grolier était ce même Jean Gascon, qui mit son talent au service de la bibliothèque de Henri II et de Diane de Poitiers et qu'il ne faut pas confondre, comme on l'a fait trop souvent, avec l'illustre Le Gascon qui n'apparaît en France qu'au milieu du XVIIᵉ siècle. On sait pourtant que Geoffroy Tory combinait pour lui de très habiles entrelacs, des compartiments admirablement enchevêtrés avec toute la science géométrique qui était en lui, et peut-être même de jolis fers à sa marque. Les premières lignes du *Champfleury* nous apprennent d'une façon certaine que l'imprimeur de Bourges travailla pour l'ornementation des livres de Grolier « amateur de bonnes lettres et de tous personnages sçavans, desquels aussi est très aimé et estimé, tant delà que deçà les monts ».

Cet amateur éclairé attachait une grande importance à l'extérieur de ses volumes, rien ne lui semblait trop précieux pour les embellir. Ce n'est pas lui qui se serait contenté, pour les compartiments de ses reliures, de ces peaux mal teintes, taillées dans du mauvais mouton, dont Rabelais disait, en se gaussant : « De la peau seront faictz les beaux maroquins, lesquels on vendra pour maroquins Turquins ou de Montélimart ou de Hespaigne pour le pire ». Grolier ne faisait mettre en œuvre que du maroquin bel et bien authentique, tel qu'il en venait du Levant par Venise, ou d'Afrique par l'Espagne en passant par Avignon où le riche marchand Jehan Colombel servait d'entrepositaire.

Grolier vécut jusqu'en 1565. Après les traverses les plus grandes, après avoir vu Semblançay monter à Montfaucon, Jean Lallemand rendre gorge, et avoir failli lui-même perdre d'un seul coup la fortune et la vie, Grolier s'éteignit doucement dans sa maison, au milieu de ses livres précieux. Christophe de Thou son ami et son confrère en amour de belles reliures, lui avait sauvé la réputation devant le Parlement de Paris. Après sa mort, sa bibliothèque fut transportée à l'hôtel de Vic et de là dispersée, en 1675. Depuis, les volumes qu'elle renfermait sont allés chez les grands amateurs et à la Bibliothèque nationale.

Dom Bouillard, qui a publié l'épitaphe de Grolier à Saint-Germain des Prés, nous permet de constater qu'elle insiste moins sur ses titres que sur son amour des lettres. Les dédicaces qui lui furent adressées par une foule de savants, d'Italie et de France, dont il avait encouragé les travaux, sont la preuve que le culte des lettres fut la principale occupation de sa vie.

Avec le règne de François Ier commence et s'épanouit la décoration des reliures, en tant que composition et division de surfaces à l'aide du dessin géométrique. Toutes les productions de cette époque ne sont obtenues que par le travail linéaire. Voici pourtant une reliure en veau brun, plutôt curieuse que remarquable au point de vue artistique (Pl. XI). Elle a été faite pour François Ier, avec ses armes et la salamandre, et semble démentir ce que je disais à l'instant. Le compartiment extérieur fleurdelysé et la bande du milieu sont dorés ; cette dernière est entourée d'un ornement à froid. Les fermoirs, très finement ciselés, sont en argent bruni.

Les reliures exécutées pour ce souverain sont, en général, très simples ; le cuir et le maroquin noir y furent presque seuls employés par Jean Le Faulcheur qui se qualifiait de « libraire et relieur ordinaire du roi ». Les F couronnés parfois suivis de la lettre R, figurent sur presque toutes. Assez fréquemment, les plats sont ornés des armes de France au-dessus desquelles s'étend une salamandre. Le blason de Claude de France accompagne quelquefois celui du roi et les dauphins, unis aux salamandres, indiquent que le volume a été relié sous François Ier, mais pour le Dauphin. C'est à ce moment que l'art de la reliure s'affranchit de cette servitude d'emprunter à l'imprimerie ses éléments décoratifs. C'est alors que nous voyons les plus grands artistes faire les dessins de ces splendides reliures de Diane de Poitiers et de Henri II, chefs-d'œuvre de science et d'élégance. Les fers pleins, si souvent employés dans les reliures de Grolier, se transforment en ces fers azurés, qui sont une des marques distinctives de cette époque. D'autres artistes se contentèrent de simples filets.

Avec le règne de Henri II, s'ouvre une des plus belles époques de la reliure. L'amour du roi pour Diane de Poitiers vint se manifester jusque sur les livres de la Bibliothèque royale. Autour des armes de France, accompagnées d'ornements exécutés avec un goût exquis, sont semés des H et des D entrelacés, des croissants, des arcs, des carquois et d'autres emblèmes de la chasse (Pl. XIV). Parfois, les armes de France sont remplacées sur les deux plats par la devise équivoque que Henri II avait adoptée : *Donec Totum impleat orbem*. Tantôt ce sont des croissants et des entrelacs ingénieusement combinés (Pl. XII) ou des fers azurés encadrant des armoiries (Pl. XIII). Les mêmes initiales et les mêmes symboles se rencontrent encore sur les volumes, extrêmement rares, qui furent reliés aux armes de la favorite. La Bibliothèque du Museum d'histoire naturelle, à Paris, en possède un, relié en veau, décoré de mosaïque à compartiments avec entrelacs et arabesques. Les motifs d'ornementation, de couleur fauve clair, se détachent sur un fond brun noir. Aux angles, on remarque le double D. H. et, en haut et en bas, un trophée composé d'un carquois, d'un arc, d'une flèche et d'un croissant. Au milieu, dans un cartouche entouré de rinceaux noirs, sur fond de couleur fauve avec pointillé, se détachent, dans un losange, les armes de la duchesse de Valentinois timbrées d'une couronne d'or (Pl. XV).

Le roi avait dépouillé pour elle la bibliothèque du Louvre, et lui avait donné entre autres choses introuvables la *Bible Ystoriaus* de Guyart Desmoulins, manuscrit ayant appartenu au roi Jean, son ancêtre. A la mort de Diane, toutes ces merveilles restèrent dans son château d'Anet, mais la vente s'en fit, près de deux cents ans après, au décès de la princesse de Condé dernière propriétaire du château. Heureusement, la plupart de ces livres revinrent aux dépôts publics à la mort des collectionneurs qui les avaient achetés en 1724.

A la mort de Catherine de Médicis, 1589, très peu de livres de sa bibliothèque étaient reliés. Ils le furent plus tard et même, dit-on, du produit d'une rente appartenant aux Jésuites, et que le roi toucha tout le temps que dura leur expulsion. Les volumes ainsi reliés portent un semis de K et de C entrelacés et couronnés ; d'autres montrent, sur leurs plats, le curieux emblème que la reine avait adopté depuis la mort de Henri II, une montagne de chaux vive sur laquelle tombent des larmes et, comme devise, ces mots : *Ardorem extincta testantur vivere flamma.* Cet ornement n'était point frappé en or par le relieur, mais peint en miniature et placé, soit aux quatre coins de la reliure, soit au milieu de la couverture.

Le très court règne de François II ne lui a pas permis de laisser beaucoup de reliures. Ses livres se reconnaissent à un écusson ovale, au milieu des plats, renfermant les armes de France, au-dessous desquelles sont deux F couronnées parfois suivies du nombre II. Sur le dos, entre les nerfs de la reliure, alternent des F et des fleurs de lys presque toujours surmontées d'une couronne.

Marie Stuart ne semble pas avoir eu pour ses livres d'emblèmes particuliers. Reine en deuil et prisonnière, elle les fit, comme elle, habiller de noir. Ce fut là sa seule marque pour la plupart de ceux qui nous sont parvenus. La bibliothèque de Reims possède un précieux livre d'Heures, imprimé en 1549, relié aux armes du Dauphin et de Marie Stuart. Le cuir, d'un brun pâle, est décoré d'arabesques et d'ornements en or, avec un cartouche ovale au centre, portant les armes écartelées du Dauphin de France et les armes d'Écosse. Henri Jadart a décrit ce précieux volume, offert par l'infortunée reine aux dames du monastère de Saint-Pierre-les-Dames.

Sous Charles IX, on fit relier un grand nombre de volumes pour la Bibliothèque royale et tous sont faciles à reconnaître. Quelques-uns portent, au milieu des plats, deux C entrelacés et, sur le dos, un semis du même monogramme. Les reliures les plus élégantes sont ornées des armes de France placées au centre d'un ovale ; au-dessous de l'écu se trouvent deux petits C entre-lacés suivis du chiffre IX, puis le titre de l'ouvrage. Parfois le chiffre IX est remplacé par deux C et alors, sur le dos, figure entre chaque nerf, un double C surmonté d'une couronne. Quand le titre de l'ouvrage n'existe pas sur les plats, l'ovale est rempli par plusieurs C couronnés et, au bas, figure le chiffre IX. Enfin, sur quelques reliures, infiniment plus rares, on rencontre l'em-blème que le chancelier L'Hôpital avait fourni au roi : deux colonnes surmontées d'une couronne et accompagnées de cette devise : *Pietate et Justitia*

Après les reliures de Diane de Poitiers se placent celles si curieuses de Henri III, qui marquent l'instant d'une transfor-mation évidente. Les entrelacs sont moins hardis, moins libres et reviennent à une forme plus géométrique ; ils ne manquent pas pour cela d'élégance, mais l'absence de remplissage leur donne une froideur que viennent encore augmenter les sinistres armes du milieu des plats.

Cette forme décorative va exercer une grande influence ; elle est, dès cette époque, le point de départ de toute une école et, plus tard, ces entrelacs serviront de canevas aux plus brillantes fantaisies du maître Le Gascon lui-même.

Dans les compartiments formés par ces entrelacs linéaires, des artistes vont faire courir des gracieuses branches de feuillages et de fleurs, qui viennent former par leur mélange l'ensemble le plus heureux et le plus exquis. Ces reliures sont en effet la dernière note et une des plus brillantes de cette éclatante fanfare qu'avait sonnée la Renaissance et la dernière expression décorative sur laquelle se ferme, pour la reliure, le merveilleux XVIe siècle

Henri III eut, pour les belles reliures, le même goût que son père. Son ordonnance somptuaire du 24 mars 1583, qui défendait aux bourgeoises de porter des pierreries, les autorisait à en orner leurs livres d'Heures. Le roi lui-même n'alla cependant pas jusque là. La marque distinctive des reliures exécutées sous son règne est un double écusson aux armes de France et de Pologne entouré du collier de l'ordre du Saint-Esprit avec la devise : *Spes mea Deus* ou *Manet ultima cælo*. Au-dessus de l'écu se trouve une H couronnée

On sait dans quel désespoir fut jeté Henri III, alors duc d'Anjou, par la mort de la princesse de Condé, Marie de Clèves, qu'il avait éperdument aimée. C'est alors qu'il institua l'ordre des Pénitents et ses lugubres processions, en même temps qu'il couvrait de têtes de morts ses vêtements et jusqu'aux aiguillettes de ses chaussures.

Les reliures faites pour lui à cette époque, portent les traces de cette singulière monomanie. Les plats sont chargés de squelettes, de crânes desséchés, de larmes, de croix, d'ossements, dorés, argentés ou estampés sur maroquin noir. Parfois, d'un côté du volume, se trouve le nom de Jésus et, de l'autre, celui de Marie.

C'est pour ce dernier nom que l'autre a été mis, et c'est lui qui nous explique l'étalage de ce faste lugubre (Pl. XVI-XVII). Ces reliures, sur lesquelles se lit quelquefois la devise : *Memento mori*, où le deuil est loin d'exclure le luxe, sont aujourd'hui très recherchées.

Les livres reliés sous le règne de Henri IV, se caractérisent par une grande variété d'ornements. La fleur de lys occupe en maîtresse les livres royaux, depuis le vélin mou jusqu'aux maroquins du Levant. Sur des reliures en maroquin rouge on voit, tantôt les armes de France et de Navarre, accompagnées d'une H couronnée, sur les deux plats de la couverture ; tantôt, elles ne se trouvent que sur un des plats et, sur l'autre, on lit cette inscription ainsi disposée : *H. IIII Patris pa‖triæ virtu‖ tum res‖tituto‖ris.* Le dos porte, en général, des H surmontées et entourées d'une couronne. La même lettre, parfois suivie du numéro IIII, se rencontre assez fréquemment aux coins de la couverture. En voici une, composée d'un semis de fleurs de lys inscrit dans un double encadrement de feuilles et de fleurs avec le double blason de France et de Navarre entouré des colliers des ordres royaux (Pl. XVIII).

Les reliures aux armes de Marie de Médicis portent son chiffre sur le dos et son blason sur les plats ; on ne le trouve guère que sur les ouvrages qui lui furent offerts et sur un très petit nombre de ceux qui furent reliés pendant les quatre années de sa régence.

Les vrais amateurs voulaient, avec autant de richesse, plus de simplicité et, par conséquent, plus d'élégance pour leurs livres. Le plus célèbre entre ces délicats était, à la fin du XVIᵉ siècle, Jacques-Auguste de Thou, le grand historien et l'ami de Grolier, dont il a fait l'éloge. Le P. Jacob, dans son *Traité des plus belles bibliothèques*, a parlé du nombre considérable des livres que possédait le Président de Thou « lesquels sont tous reliés

en maroquin et veau dorez, qui est encore une somptuosité de ce
Parnasse des Muses ». Sur les volumes qui composaient sa bibliothèque, glanée en partie chez les imprimeurs de Venise, on trouve,
ornant le plat, entre deux branches de laurier, ses armes : *D'argent au chevron de sable accompagné de trois taons du même*, timbrées d'une tête de chérubin avec son nom *Jac. August. Thuanus*,
sous l'écusson. Plus souvent encore, les armoiries surmontent
une banderole portant son nom, le tout entouré de deux branches
nouées d'olivier. Après son mariage avec Marie de Barbançon-
Cany, en 1587, les écussons des deux époux figurent accolés sur
le plat des volumes, tandis que les trois initiales J. A. M. (Jacques
Auguste et Marie) se voient en monogramme au bas de l'écusson
et sur le dos du volume. Après un second mariage, en 1603,
l'écusson compliqué de la famille de La Chastre, dont était sa
nouvelle femme, remplaça celui de Barbançon et un G (Gas-
parde) se substitua à l'M (Pl. XXI).

Dans une lettre très curieuse, adressée par le baron Pichon à
Paulin Paris, insérée par ce dernier à la fin de son quatrième
volume *Les Manuscrits françois de la Bibliothèque du roi*, 1841,
on trouve des détails intéressants sur le somptueux état des
livres de de Thou et sur leurs différentes reliures : maroquin
vert, rouge ou citron ; veau fauve avec filets d'or, reliure d'une
richesse modeste et solide, que le président de Longueil et du
Fay donnèrent, dans la suite, pour vêtement à la plupart de leurs
livres : vélin blanc à la façon des Elzévier, historié de filets d'or
et dorés sur tranche.

La bibliothèque Thuanienne ne survécut pas longtemps, du
moins dans sa famille, au second Jacques Auguste, qui mourut
le 26 septembre 1677. Trois ans après, son fils, abbé de Samer-
aux-Bois et de Souillac, vendit l'admirable collection. Le président Charron, marquis de Ménars, acquit la presque totalité des

beaux livres et l'enrichit d'un grand nombre d'ouvrages. A sa mort, en 1718, la collection courut de nouveau le danger d'une dispersion. Le cardinal Armand Gaston de Rohan l'acheta, et elle fut, une fois encore, sauvée. De ses mains, elle passa dans celles des Soubise, ses héritiers. En 1789, elle était non seulement encore intacte, mais tellement augmentée par de nouvelles acquisitions, que le nombre des livres était cinq fois plus élevé. Les autres Rohan, appauvris par la banqueroute Guéménée, mirent la bibliothèque en vente. Le catalogue, rédigé en hâte par Guillaume Leclerc, dont l'une des qualités, au dire de Peignot, n'était pas l'amour des beaux livres, ne rendit pas ce qu'on avait espéré. Le libraire Lamy, qui en devint acquéreur en bloc après la première vacation, essaya de soutenir les enchères et, durant quatre mois, la merveilleuse collection fut péniblement dispersée. C'est ainsi que sont entrés dans la circulation des ventes tant de volumes aux armes de de Thou, disputés, chaque fois qu'ils paraissent, par les amateurs de toute espèce : ceux qui aiment le livre pour lui-même et ceux qui le recherchent pour son habit.

A part Gascon, sur lequel nous ne possédons aucun document, l'art de la reliure en France, au XVIe siècle, se personnifie dans les Eve, Nicolas et Clovis. Le premier, Nicolas Eve, qui avait le titre de relieur du roi, était aussi libraire et exerçait sa profession de 1550 à 1580 environ. Sa marque représentait Adam et Eve. Ce fut lui qui relia ces statuts de l'ordre du Saint-Esprit dont Henri III gratifiait ses amis et qui inventa ces reliures composées de rinceaux de feuillages poussés au fer et ces délicats compartiments dorés que Thouvenin devait, plus tard, nommer *à la janfare*.

Nicolas Eve fut, cela est probable, le relieur de Marguerite de Valois, cette troisième Marguerite de France, première femme de Henri IV, plus connue sous le nom de la reine Margot, dont les amateurs recherchent les jolis livres ornés de marguerites et de pâquerettes semées dans les médaillons des plats.

Le fils de Nicolas, Clovis Eve Ier, travailla longtemps pour Henri IV et sa cour et resta en charge jusqu'aux premières années du XVIIe siècle. Son petit-fils enfin, Clovis Eve II, fut relieur de Louis XIII et n'abandonna son art qu'en 1631.

Ces trois maîtres de la reliure laissèrent de côté les mosaïques ainsi que les combinaisons à la Geoffroy Tory et, indiquant les compartiments par de simples filets d'or, ils inventèrent ces délicieux réseaux de tiges fleuries, reliées en un seul motif, et répandirent partout de légers petits fers, formant des feuillages, des volutes et des palmes, d'un style très pur et d'une exquise richesse de détail (Pl. XIX et XX).

Dans ces reliures, de jolies roulettes finement gravées sont disposées avec goût sur les plats et les volumes s'ornent d'encadrements, de compartiments, de fleurettes et de fleurons d'un dessin frêle et délicat. Ce genre de fers employés permettait de varier à l'infini la décoration du livre, aussi fut-il encore très en honneur chez les relieurs du siècle dernier.

A côté de ces artistes de premier plan, d'autres artisans plus obscurs, travaillent à l'ombre de leurs échoppes, pour satisfaire une clientèle moins raffinée et moins fortunée. Les recueils déjà cités m'ont permis de dresser un catalogue de ces ouvriers du livre du XVIe siècle. La liste suivante, bien que déjà copieuse, ne les cite certainement pas tous. C'est ainsi que suivant l'ordre chronologique, j'ai relevé : Germain Coignart, 1500 : Raoul Laliseau, 1501-1521 ; Guillaume Ougier, relieur de la Chambre des Comptes, 1504 ; Jean Compains, dont le nom se lit sur une reliure, en 1504, *Jehan Compains me fist* ; Robert ou Robinet Macé, second du nom, décorait ses reliures de jolies compositions et d'une très belle légende entourant un Couronnement de la Vierge, 1507 ; Pierre Boulle, travaille pour l'église Saint-Étienne du Mont, 1508 ; Robert de La Noue, travaille pour le collège de Beauvais, 1509-1517 ; Jacques Florentin, 1510 ; Hémon Le Fevre, rue Saint-Jacques, au *Croissant*, 1511-1535 ; Jean de Brie, doreur, 1512 ; Jacques Le Clerc, qui décorait ses reliures avec des planches à froid composées de rinceaux fleuris renfermant des animaux chimériques accompagnés de filets et d'une légende dans laquelle il faisait figurer son nom : *Ligat per man. Iacobi Clerici* ; Pierre Viart, relieur de l'Université, rue Saint-Jacques, au *Lion d'argent*, 1513-1523 ; Hervé Bolsec, rue Saint-Jean de Latran, à la *Rose rouge*, 1516-1529 ; Pierre d'Arques, 1518 ; Michel Marchand, rue Saint-Etienne des Grès, à l'*Image Notre-Dame*, 1520-1540 ; Philippe Le Noir, l'un des plus grands relieurs jurés de l'Université, 1520-1541 ; Jehan Norvis, dont on connaît une petite reliure, charmante de composition, d'un côté l'image de saint Michel terrassant le dragon, de l'autre, la scène de Bethsabée au bain, 1523 ; Jacques Le Bouc, rue du Mont Saint-Hilaire, à la *Pomme de Pin*, 1523-1557 ; Jean Champin, 1526-1561 ; Jérôme Denis, rue Saint-Jacques, à la *Croix blanche*, 1528 ; Jean Bourgogne, devant les Mathurins, 1528 ; François Chaisnet, Claude Cuques, Yvon Le Roux, doreur, 1529 ; Pierre Chupin, rue du Foin, *à l'Étrier*, 1529-1540 ; Jean Yvernel, rue Saint-Jacques, à l'*Eléphant*, 1529-1546 ; Rémy-Boisset, 1529-1557 ; Etienne Duhamel, au *Cœur de Jésus*, 1535 ; Henri Morin, près les Jacobins, 1539-1545 ; Pierre Thyart, Pierre Chupin, Michel Marchant, 1540 ; Jean Dupré ; 1540-1549 ; Etienne Petit, 1541-1580 ; Jean de Bourges, Denis Hercent, Christophe Sy, 1542 ; Guyon Thiroust, rue Saint-Jean de Latran, à l'*Image sainte*

Anne, 1542-1580 ; Guillaume Oriard et Pierre Solin, 1543 ; Henri Morice et Mahiet Révérend, faiseur de fermoirs, 1545 ; Pierre Guyot, 1550 ; Julien Tremblay, rue S.-Jean de Latran, au *Cœur volant*, 1550-1564 ; Richard Breton, rue Saint-Jacques, à l'*Ecrevisse d'argent*, 1551 ; Mathurin Forvestu, travaille pour le collège de Beauvais, 1551 ; Jean de Heuqueville, rue Saint-Jean de Latran, à la *Rose rouge*, 1552-1596 ; Fiacre Roger et Mathurin Régnier, faiseur de fermoirs, 1553 ; Claude de Picques, relieur et doreur, rue Saint-Jacques, à la *Trinité*, 1553-1572 ; Jean Soubron, rue des Carmes, à la *Corne de Daim*, 1554 ; Etienne Vallet, rue des Sept Voies, à la *Bible d'Or*, 1554-1609 ; Pierre Aubert, 1556-1587 ; Jacques Esnault, 1557 ; Sébastien Laliseau, 1557-1575 ; Jean Canivet, 1558-1569 ; Étienne Tasset, rue Saint-Jean de Latran, au *Loup qui taille*, 1558-1585 ; Cyprien Bruneau, 1559-1581 ; Jean de Bordeaux, au clos Bruneau, à l'*Occasion*, 1560-1600 ; Julien Mézières, rue des Carmes, à la *Queue de Renard*, 1560-1571 ; Guillaume du Breuil, Louis Leclerc, 1561 ; Julien Tremblay, 1562 ; Pierre Guérard, 1563 ; Georges Poly, 1565 ; François De Genetay, 1566 ; Henri Le Bé, rue des Sept Voies, au *Griffon blanc*, 1566-1583 ; Michel Clopejean, rue du Mont-Saint-Hilaire, à l'*Ane*, 1567 ; Claude Mabille, 1567-1574 ; Guillaume Rogier, 1568 ; Pierre Planté, rue des Lavandières, 1568-1584 ; Jacques Pautonnier, 1569 ; Jean Le Bouc, rue des Sept Voies, à la *Diligence*, 1569-1612 ; Jean Bruneau, François Trepeau et Laurent Heurtelot, 1570 ; Gabriel Adam, Hugues Le Bœuf, Guillaume Barbier, Pierre Turpin, Guillaume et Marc, Nyon, Michel Gadoulleau, Jacques Moustier, Jean Prévost Etienne Chalonneau, 1571 ; Robert Colombel, rue Saint-Jacques, à l'*enseigne d'Alde*, 1572-1607 ; François Daumale, 1573 ; Jean Heuqueville, 1574 ; Jean de Lastre, 1574-1582 ; Nicolas Desfossés, 1576-1584 ; Nicolas Soullart, 1577 ; Gilles Maugier, 1578-

1582 ; Jacob Gentil, 1579 ; Timothée Jouan, rue Frementel, près le clos Bruneau, 1579-1584 ; Gabriel Nicot, rue des Sept Voies, à l'*Image Saint-Pierre*, 1579-1585 ; Romain Tiverny, rue de la Vieille-Tixeranderie, à l'*Image Sainte-Catherine*, 1580 ; Pierre Pautonnier, 1581-1608 ; Nicolas de Ninville, 1581-1618 ; Jacques Varange ; François Gueffier, 1582 ; François Le Heudier, 1582-1590 ; Hilaire Le Bouc, 1582-1598 ; Jean Tufé, rue des Sept Voies, à la *Croix blanche*, 1582-1599 ; Nicolas Musnier, 1582-1607 ; Robert Trouard, 1582-1610 ; Claude Barbier, 1582-1618 ; Simon de Sommaville, 1582-1627 ; Pierre Brunet, 1583 ; Antoine Le Riche, rue Saint-Jacques, près le *Soleil d'Or*, 1583-1589 ; Jean Saulnier, 1583-1635 ; Jean Loutrel, Antoine Moreau, 1584 ; André Echard, 1585 ; Marin Bradel, dont le nom s'est perpétué sans interruption dans la corporation des relieurs jusqu'au milieu du siècle dernier, 1586 ; Dominique Salis, 1586-1609 ; Guillaume Le Breton, rue Saint-Jean de Latran, aux *Trois couronnes*, 1586-1617 ; François Heudier, doreur, 1588 ; Georges Drobet, rue Saint-Jacques, au *Soleil d'Or*, 1589 ; Jacques Louyette, 1590 ; Michel de Varennes, 1591 ; Christophe Touchard, 1592-1627 ; Claude du Breuil, au Collège de Tréguier, François Grégoire, Antoine Mirault, Louis Patoureau, Simon Yon, 1594 ; François Michon, 1594-1627 ; Robert Fouet, 1594-1642 ; André Boullanger, rue Saint-Jacques, 1596 ; Lucas Bruneau, Antoine Desmarquetz, Pierre Douceur, François Du May, 1597 ; Claude Duhamel et Pierre Triboullet, 1598 ; Charles Chastelain, rue Saint-Jacques, à *la Constance*, 1599.

IV. — La Reliure au XVIIe Siècle.

Le livre ne se transforme pas uniquement à l'extérieur, la typographie progressait à l'unisson. L'art dans la décoration des

volumes subissait un grand changement : le cuivre remplaçait le
bois pour l'illustration, et le merveilleux burin de Léonard
Gauthier, Thomas de Leu, Claude Mellan, donnait un nouveau
caractère aux frontispices et aux gravures. Quelles ressources
pour les relieurs qui ne manquèrent pas de recourir à cette nouvelle source d'inspiration.

En 1618, le malaise et l'inquiétude du pouvoir commençant
à se manifester par ses défiances, les libraires et par suite les
relieurs que Henri IV avait laissés fort tranquilles, se virent en
butte à des mesures soupçonneuses qui modifièrent, en plusieurs
points les conditions de leur métier. L'édit de cette année, entre
autres, jeta quelque trouble et quelque gêne dans l'industrie de
la reliure, voici comment. Cet édit ordonnait aux libraires et
relieurs de se tenir tous en l'Université, au-dessus de Saint-Yves
ou au dedans du Palais et leur faisait défense à chacun d'avoir
plus d'une boutique ou imprimerie, c'est-à-dire par conséquent,
de faire travailler ailleurs que chez eux et d'autres gens que leurs
ouvriers. Cette prescription gêna surtout les relieurs, qui étaient
quelquefois obligés de recourir à une industrie, sœur de la leur
sans doute, mais différente toutefois. Quand les relieurs n'avaient
à faire que quelques grossières dorures à l'œuf sur de la mauvaise
basane, ils s'en chargeaient eux-mêmes ; mais lorsqu'il fallait
plus de façon, ils s'adressaient à ces doreurs sur cuir, dont le
métier passait pour être très difficile, et qui consistait à guillocher de légères dorures en arabesques les bottes en maroquin des
gentilshommes damerets de la Cour quand ils couraient les
ruelles, ou les buffles des mousquetaires de la reine quand ils
allaient en guerre. Ce sont ces fins doreurs qui savaient le mieux
alors se servir du petit fer et bien *coucher d'assiette*, pour préparer
la tranche avec du bol fin, de la fine sanguine, de la terre d'ombre,
de la gomme adragante et arabique, de la colle de Flandres et du
savon de Castres.

L'un d'eux, nommé Pigorreau, excellait plus qu'aucun à ces divers travaux, aussi les doreurs recouraient-ils souvent à ses bons offices. Pour se rapprocher d'eux, il vint s'établir dans leur quartier du Mont-Saint-Hilaire, près de la rue d'Écosse. Ceci se passait vers 1615. Pigorreau obtenait le plus grand succès lorsque, malencontreusement, parut l'édit. Il lui fallait, ou reprendre son ancien métier, ou se faire admettre dans la communauté des relieurs. Ces derniers voulaient bien de lui comme ouvrier, mais non comme confrère. Ce ne fut que le 20 mars 1620 qu'un arrêt de la cour ordonna qu'il fut reçu maître. Pigorreau, qui n'avait pas oublié les difficultés de ses confrères, voulut une vengeance publique et voyante. En haine des syndics, lisons-nous dans un document de la collection Delamare, il prit pour enseigne *Au Doreur*. C'était un homme qui poussait une dentelle sur un livre, avec cette devise : *En dépit des envieux, je pousse ma fortune*. Ce succès de Pigorreau fut un grand pas pour la corporation des doreurs pour entrer dans celle des relieurs et, par là, se joindre au grand corps de l'Université.

Dans les premières années du XVIIe siècle, on trouve quelques exemples de reliures d'un genre particulier : les entrelacs ont disparu ; les branchages sont réduits à des proportions trop petites et leur répétition à l'excès produit la confusion en visant à la richesse (Pl XXII-XXIV). Il y a là une courte période d'hésitation ; on sent la recherche d'une voie nouvelle et c'est à Le Gascon que revient l'honneur de l'avoir trouvée.

Les reliures deviennent de plus en plus nombreuses, mais celles dignes d'être comptées comme artistiques restent en petit nombre. C'est alors que les armoiries jouent un grand rôle dans la décoration du livre. Nous les trouvons soit seules, soit accompagnées d'une marque, d'un emblème ou d'un chiffre combinant toutes les lettres du nom du possesseur.

Le Gascon parut enfin, empruntant aux broderies Louis XIII les modèles de ses fers pointillés, genre de haute originalité qui révèle un maître et un artiste sans égal. Le Gascon apporta une coquetterie raffinée et précieuse, bien digne de son temps, à la toilette des livres

Il ne fut jamais dépassé dans ses ornements au pointillé, que les gens de métier appellent *mille points*. La richesse et l'élégance de ses reliures est incomparable. Il comprit à merveille les oppositions de tons, les effets de l'or et l'harmonie du dessin et l'on sent que toutes ses compositions obéissent à des règles fixes, car tout y est coordonné, voulu, groupé, avec une suprême entente du beau et de la grâce. Le Gascon abandonna les feuillages pour conserver les rinceaux (Pl. XXX) ; il les enchevêtra entre eux (Pl. XXIX), piqua leurs contours d'un pointillé semblable aux perles et obtint ainsi des combinaisons parfaites. La mode en était d'ailleurs venue tout à point ; la dentelle, rejetée des habits par des édits sévères, se réfugia en effet sur la couverture des volumes. Le Gascon eut des imitateurs et fut même pastiché de son temps (Pl. XXXI). Cette reliure offre déjà un avant-goût des reliures dites à l'éventail dont je parlerai bientôt.

Le Gascon était à l'apogée de son talent vers 1640 après avoir, durant douze ans, créé des chefs-d'œuvre de reliure dans le dernier goût. Ce fut lui qui, le premier, couvrit de maroquin les plats et contre-plats des volumes. Cette particularité fut remarquée et considérée comme une innovation dans la célèbre *Guirlande de Julie* que M. de Montausier offrit à l'honnête damoiselle de Rambouillet, qui la trouva sur sa toilette le premier jour de l'an de grâce 1642 (Pl. XXVIII). La reliure est en maroquin rouge du Levant. Les plats, tant intérieurs qu'extérieurs, portent une décoration composée d'un semis de chiffres dorés, chaque chiffre étant formé des lettres J L inclinées vers la droite

*

et de mêmes lettres inclinées vers la gauche et croisant les premières. J L (Julie Lucine) était le chiffre de Mlle de Rambouillet.
Ce précieux volume est conservé aujourd'hui dans les collections de Mme la duchesse d'Uzès.

On connaît les éblouissantes reliures que Le Gascon exécuta
pour Louis XIII et Anne d'Autriche, pour Monsieur frère du Roi,
pour le cardinal Mazarin, Jean Balesdens, Huet et le magistrat
bibliophile Habert de Montmort, ami de Molière.

Bien qu'il se soit servi d'un canevas ancien, les reliures de Le
Gascon sont tellement originales, qu'il restera pour tous un maître
digne des plus habiles artistes du XVIe siècle. Science solide dans
l'ensemble, richesse, abondance sans lourdeur dans les détails, il
réunit toutes les qualités du décorateur.

La reliure française brilla d'un grand éclat au XVIIe siècle et
l'abbé de Marolles, qui était un fin connaisseur, a pu écrire dans
ses *Mémoires* : « Nos relieurs sont estimés par dessus tous les
autres ; nous en avons qui, à peu de frais, font ressembler le
parchemin à du veau, y mêlant des filets d'or sur le dos, qui est
une invention que l'on doit à un relieur de Paris, appelé Pierre
Gaillard, comme celle du parchemin vert naissant est venue de
Pierre Portier qui, de son temps, a été un excellent relieur. »

Louis XIV n'eut aucun sentiment de la bibliophilie, il laissa
cette passion à ses ministres, à Colbert dont la couleuvre (*coluber*)
marque tant de riches éditions ; à Fouquet dont les reliures à
l'écureuil sont encore si recherchées et même à la femme de son
ministre, Michel de Chamillard, honneste dame de grand sens et
de goût affiné qui, laissant son mari aux joies du billard, songea
à se composer une rare et précieuse bibliothèque dont tous les
volumes étaient sobrement habillés par les maîtres ouvriers du
temps.

Le Roi-Soleil ne forma aucune collection particulière, cepen-

dant le nombre de livres frappés à ses armes et à celles du grand
Dauphin, est innombrable. Ce sont de simples reliures en maroquin rouge où le soleil, qui figure parfois à l'angle de chaque
plat, remplace les emblèmes. Les seuls ornements sont les armes
de France et des L entrelacées et couronnées frappées sur le dos
entre les nerfs.

C'est alors que, pour simplifier le travail on se servit des roulettes pour obtenir plus vite ce que l'on a improprement appelé la
dentelle. Cette œuvre mécanique consistait à promener un petit
instrument en roue, gravé, préalablement chauffé, sur l'or en
feuille collé, dans lequel il imprime ses saillies. La passion des
dorures s'accroit ; on invente de bien charmants festons, mais on
en abuse bientôt ; on en inonde les bibliothèques. Sur les plats
se voient les soleils éclatants, les armes, les guirlandes d'or.
Cramoisy dirige la reliure pour le roi, qui consacre de grosses
sommes à l'acquisition de cuirs du Levant. En 1666, le directeur
des travaux réclame du maroquin incarnat ; en 1667, il reçoit
vingt-deux douzaines de peaux montant, avec les frais de trans-
port à 1.020 livres tournois. Successivement, les approvisionne-
ments se font et servent aux volumes de la Bibliothèque royale :
69 douzaines en 1667 ; 46 douzaines en 1668 et 333 douzaines
en 1670, coûtent au roi plus de 12.000 livres ! Sur ces peaux admirablement tannées et qui, malgré un service incessant, tiennent
encore aujourd'hui comme au premier jour, le roi faisait appliquer suivant les formes, des fers en bordure et, au milieu, les
armes de France entourées du collier du Saint-Esprit.

Marie-Anne-Louise d'Orléans, duchesse de Montpensier, dite
la Grande Mademoiselle (Pl. XXV), la duchesse de Longueville
(Pl. XXVI) et le célèbre amateur du Fresnoy (Pl. XXVII) ont
également laissé à la postérité de fort beaux livres décorés de
leurs armoiries.

Mais, pendant que les auteurs du grand siècle sont drapés dans ces fastueux maroquins où l'or se relève en bosse, Messieurs de Port-Royal donnaient le ton à un genre plus sobre et à jamais célèbre, la reliure janséniste, destinée à vêtir dans les teintes sombres de la bure, en maroquin noir très foncé, sans dorure et sans autre ornement qu'un filet mat, les œuvres de Pascal, d'Arnaud d'Andilly et les textes bibliques qu'on remettait alors en lumière.

On peut rapprocher de ces dernières, les reliures que le baron de Longepierre faisait exécuter par Du Seuil. Sur le maroquin rouge ou bleu, se détachait, au milieu, aux quatre coins et sur le dos, l'emblème de la Toison d'Or. Nombre d'amateurs qui recherchent les volumes à cette marque, n'en connaissent pas l'origine. Longepierre est l'auteur d'une tragédie, *Médée*, qui obtint quelque succès de son temps ; c'est en souvenir de cette pièce argonautique qu'il avait fait graver sur ses livres, au lieu de ses armoiries, l'emblème énigmatique de la Toison d'Or.

Deux noms personnifient la reliure à la fin de ce siècle : Boyet et Du Seuil. Le premier, ouvrier incomparable ; le second, véritable artiste et inimitable dans la dentelle à petits fers. On connaît le succès de ces splendides reliures dites à l'éventail (Pl. XXXII) et de celles où la décoration à filets et à compartiments a conservé le nom de Du Seuil. Il les exécutait avec un petit nombre de fers, combinés de cent manières et poussés sur le plat, tout le long des bords, de façon que les fines engrelures de l'ornement, tournées vers le centre, y laissent un vide pour les armoiries ou le monogramme du propriétaire.

Ce fut dans le même temps que Macé Ruette, à qui l'on doit, selon La Caille, l'invention du maroquin jaune marbré et du papier marbré, très employé au milieu du XVIIe siècle, florissait. La marbrure sur peau n'est pas seulement décorative, elle a aussi

son utilité qui est de cacher les petits défauts pouvant se trouver
sur le maroquin et particulièrement sur la peau de veau, quand
elle est d'un fauve clair. Antoine Ruette, son fils, fut le relieur
de Louis XIV qui lui avait fait accorder un logement au Collège
Royal, en vertu d'un brevet dont voici la teneur : « Aujourd'hui
3 juillet 1650, le roy estant à Paris, voulant gratifier et favorablement traiter Antoine Ruette, son relieur de livres ordinaire,
en considération des bons services qu'il lui a rendus, et au feu
roi son père, et de ceux qu'il continue à rendre chaque jour, sa
Majesté lui a librement accordé et promis son logement, sa vie
durant, dans son Collège royal, et en jouir tout ainsi qu'ont fait
ceux qui estoient devant pourvus de ladite charge. »

Le siècle de Louis XIV vit s'établir les premiers règlements de
la communauté des relieurs, doreurs de livres, qui furent donnés
le 7 septembre 1686. Ce règlement ordonnait que la communauté
des maîtres relieurs et doreurs, serait entièrement distincte et séparée de la communauté des maîtres-imprimeurs et libraires et,
à cet effet, érigés en maîtrise particulière. Les premiers gardes
furent Éloi Le Vasseur, Guillaume Cavelier, Denis Nyon et
Marin Maugras. Le nombre des artisans devint de plus en plus
important. Parmi ceux qui se sont acquis le plus de notoriété,
il convient de citer : Florimond Badier, relieur paussier, qui travaillait pour les frères Du Puy. La Bibliothèque nationale possède quelques brillants échantillons du talent très réel de cet
artiste, notamment un maroquin de 1640 sur lequel on lit
Florimond Badier fecit, qu'on retrouve sur le second plat d'une
très belle reliure, qui fit partie de la première vente Destailleur,
16 avril 1891, n° 740 ; Jean Coqueret, rue des Poirées, 1601 ;

Jonatham Provençel, François Michon, Denis Dappe et Pierre
Diotant, 1604 ; Geoffroy Le Cordier, 1606 ; Georges Belier, 1606-
1627 ; François Du May, 1607 ; Pierre Pic, 1609 ; Jean Trouvain,
1612 ; Jean Cusson, dont on trouve quelques reliures à la Bibliothèque nationale 1617.

L'apothicaire Blegny, sous le pseudonyme d'Abraham Du Pra-
del, dans son *Livre commode* des adresses de 1692, cite Bernard
Bernache, comme un des meilleurs relieurs de son temps ; Gilles
Dubois, relieur du roi, auquel succéda à la même charge Louis
Dubois qui l'exerça pendant trente-neuf ans, de 1689 à 1728. A
Claude Le Myre, également relieur du roi, succéda dans la même
qualité, en 1697, Luc Antoine Boyet qui passe pour avoir été le
relieur fin et soigneux de son temps ; les reliures qu'on lui attri-
bue sont encore très recherchées des bibliophiles.

De tout cela, on peut conclure, comme au reste, de l'examen de
toutes les reliures des livres du XVIIe siècle que si, au point de
vue de l'invention dans l'art, l'ouvrier d'alors avait une grande
supériorité sur les nôtres, il lui était inférieur pour la partie
matérielle et de métier, chose pourtant fort essentielle. La com-
modité dans l'usage continuel du livre en dépend ; si elle manque,
le livre ne pouvant plus être aisément manié, court risque de
n'être qu'un objet de luxe inintelligent, le hochet d'une manie.

La reliure est une partie des plus intéressantes dans l'histoire
du livre ; c'est une question d'art, de goût et de caractère. Elle
est aussi variée que le vêtement, elle reflète la modalité des cos-
tumes dans ses ornements comme ces derniers se reflètent dans le
mobilier et dans l'architecture. Elle se métamorphose en bijou
resplendissante d'or et de couleur, agrémentée de dessins brillants, plus ou moins appropriés au sujet du livre.

Aimer le livre, l'acquérir, le conserver et l'habiller comme il
convient, c'est travailler pour l'avenir et faire œuvre de savant
et d'artiste.

BIBLIOGRAPHIE

Bosquet (Em.). — *La Reliure au musée Galliera.* Paris, 1902.

Bouchot (Henri). — *Le livre, l'illustration, la reliure.* Paris, s. d.

Brunet (G.). — *Etudes sur la reliure des livres et sur les collections de bibliophiles célèbres.* Bordeaux, 1873.

Derome (L.). — *Le luxe des livres.* Paris, 1879.

Fournier (Édouard). — *L'art de la reliure en France aux derniers siècles.* Paris, 1888.

Franklin. — *Précis de l'histoire de la Bibliothèque du roi.* Paris, 1875.

Gruel (Léon). — *Conférences sur la reliure et la dorure des livres.* Parris, 1896.

Le Roux de Lincy. — *Recherches sur Jean Grolier et sa bibliothèque.* Paris, 1866.

Michel (Marius). — *Essai sur la décoration extérieure des livres.* Paris, 1878.

— *La Reliure française.* Paris, 1880.

— *La Reliure française, commerciale et industrielle.* Paris, 1881.

Peignot (Gabriel). — *Essai historique et archéologique sur la reliure des livres.* Dijon, 1834.

Quentin-Bauchart (E.). — *Mes livres.* Paris, 1881.

— *Les femmes bibliophiles.* Paris, 1886.

— *A travers les livres.* Paris, 1895.

Renouard (Ph.). — *Imprimeurs parisiens, libraires...* Paris, 1898.

— *Documents sur les imprimeurs, libraires...* Paris, 1901.

Rouveyre (Ed.). — *Miscellanées bibliographiques.* Paris, 1878-1880.

Techener. — *Histoire de la bibliophilie.* Paris, 1861.

Uzanne (Octave). — *Nos amis les livres.* Paris, 1886.

— *La Reliure moderne.* Paris, 1887.

TABLE DES PLANCHES

TABLE DES MATIÈRES

MACON, PROTAT FRÈRES, IMPRIMEURS. — MCMXXIX.

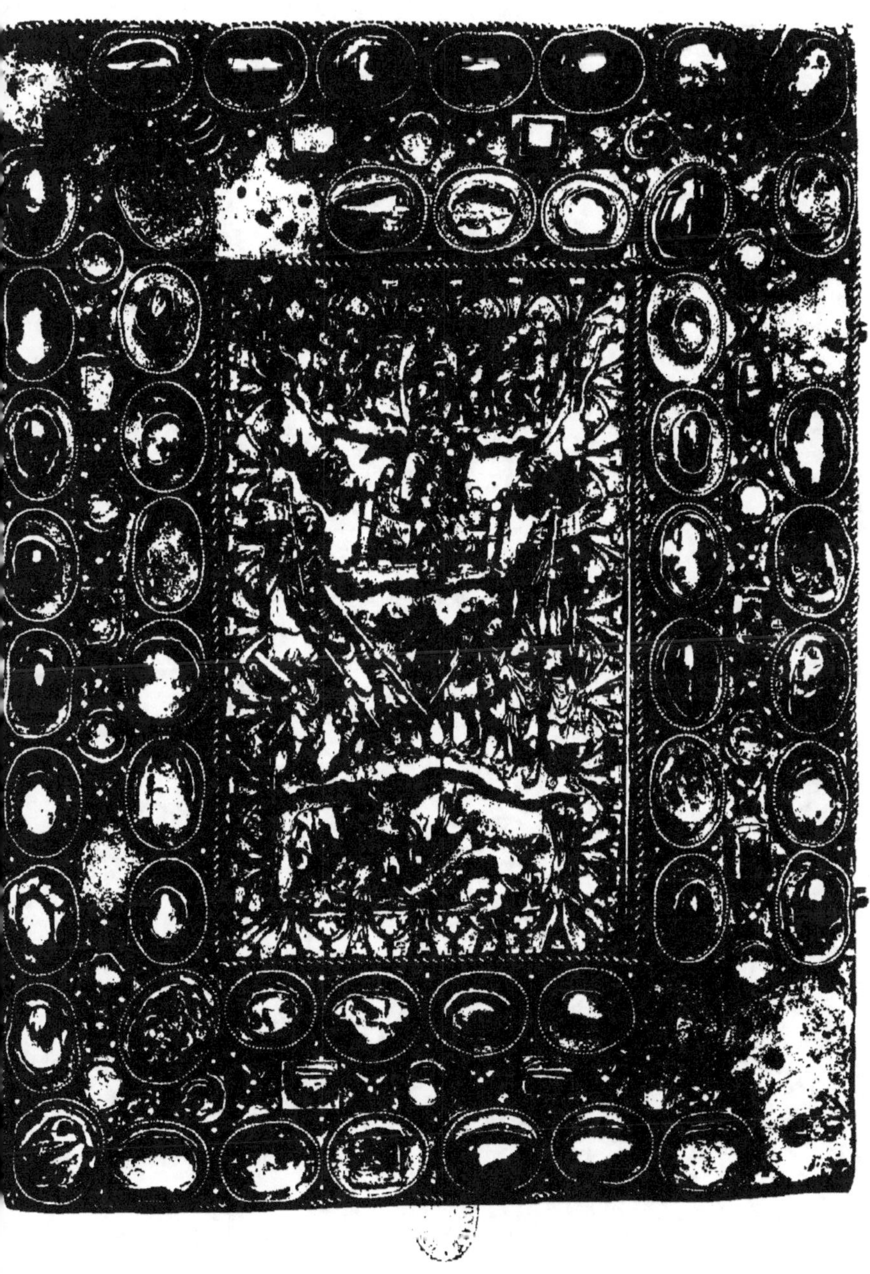

Couverture d'un psautier de Charles le Chauve

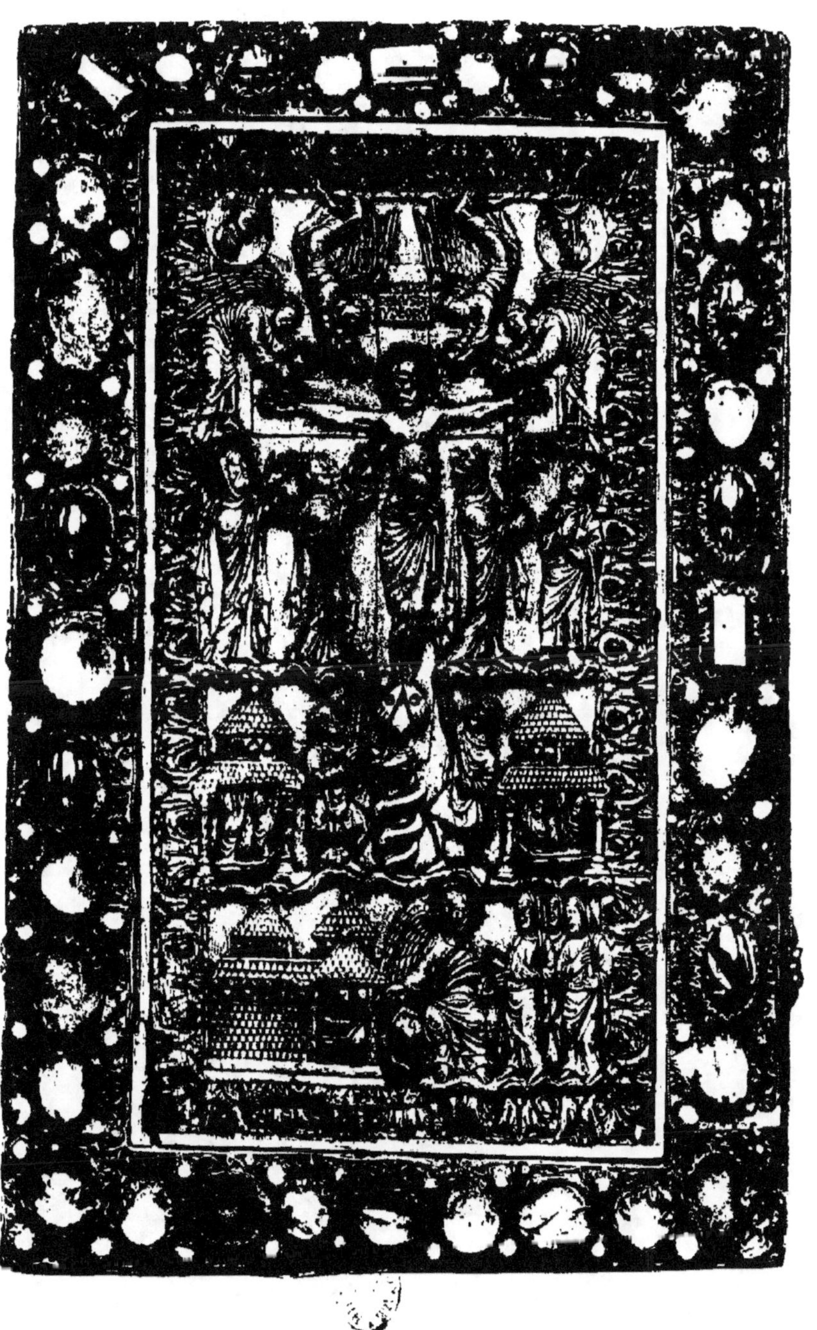

Couverture d'un évangéliaire de la cathédrale de Metz

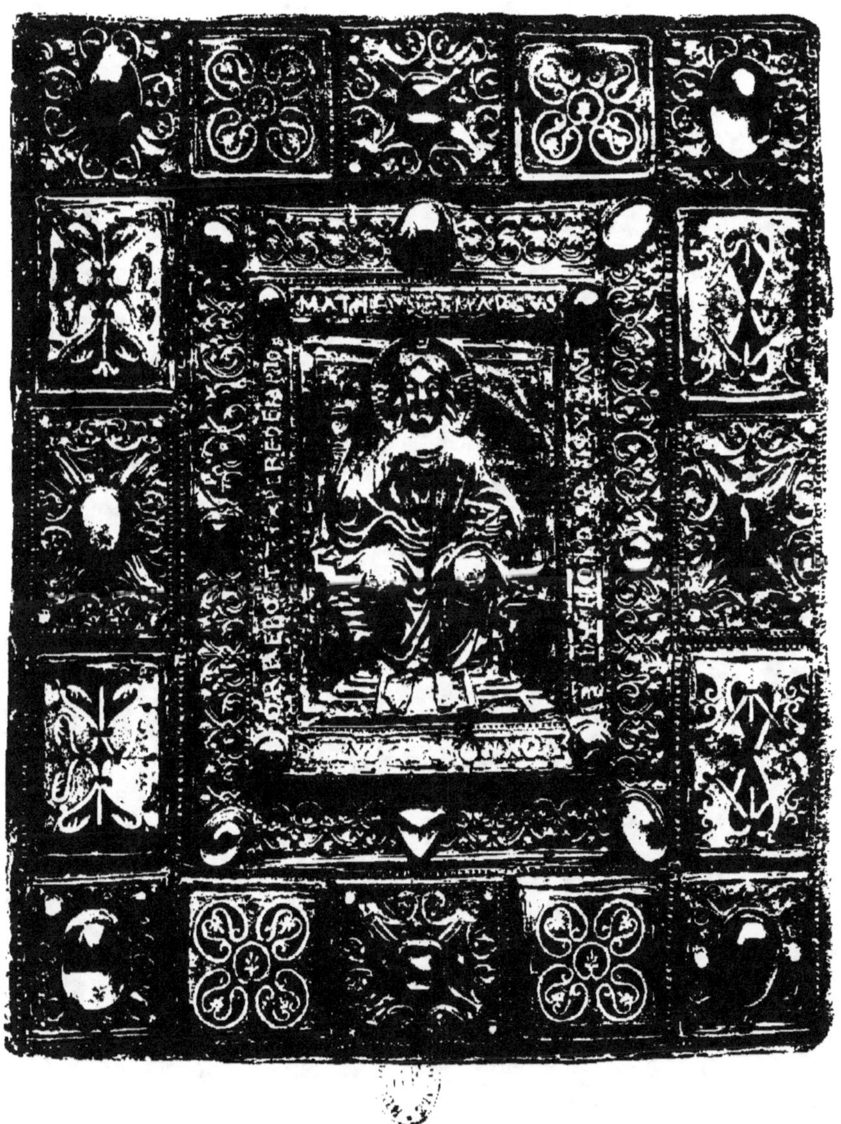

Couverture d'un évangéliaire de Saint-Maurice-en Valais

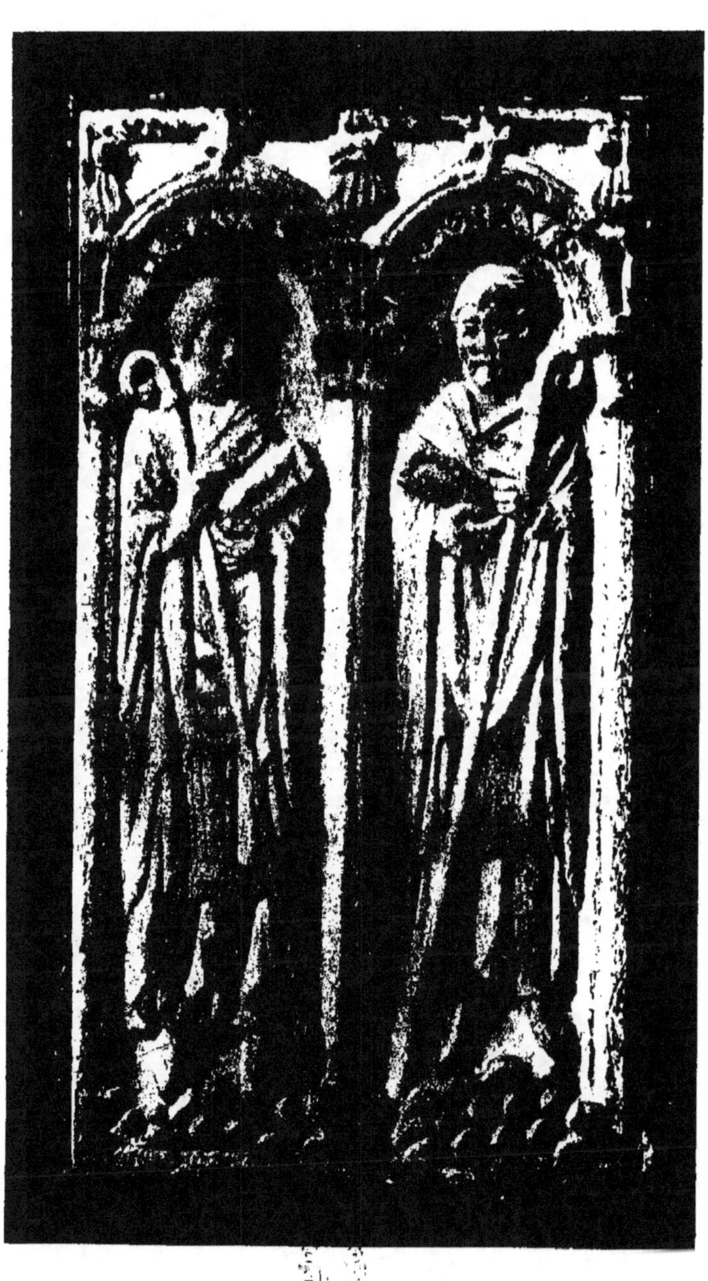

Plaque de reliure, XIIe siècle

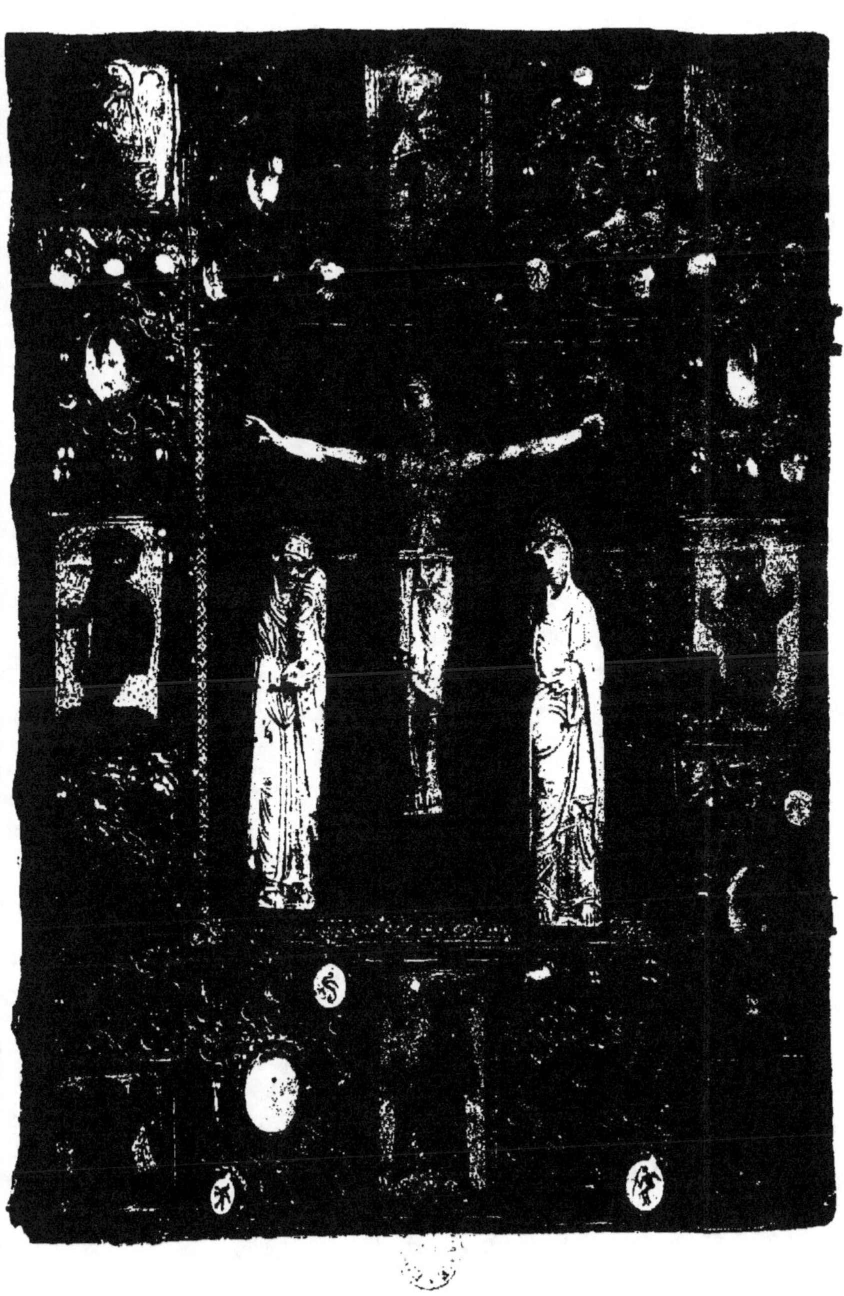

Couverture d'Evangéliaire, XIIᵉ siècle

Reliure monastique, XVᵉ siècle

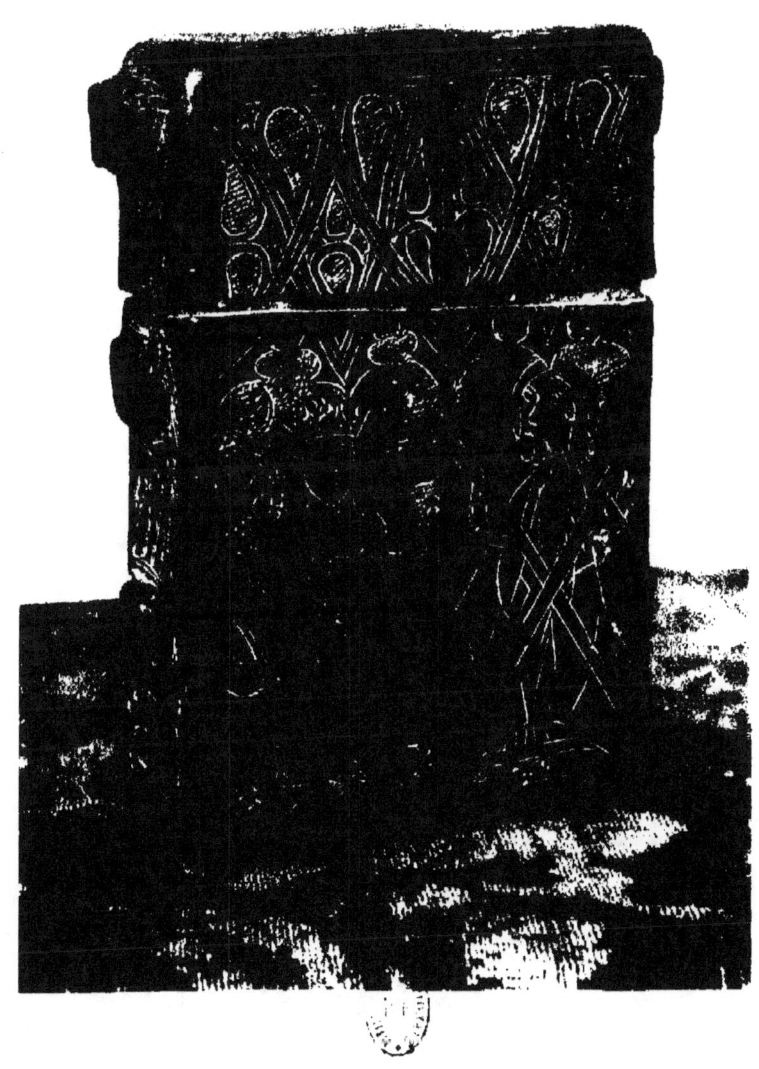

Etui à missel, XVe siècle

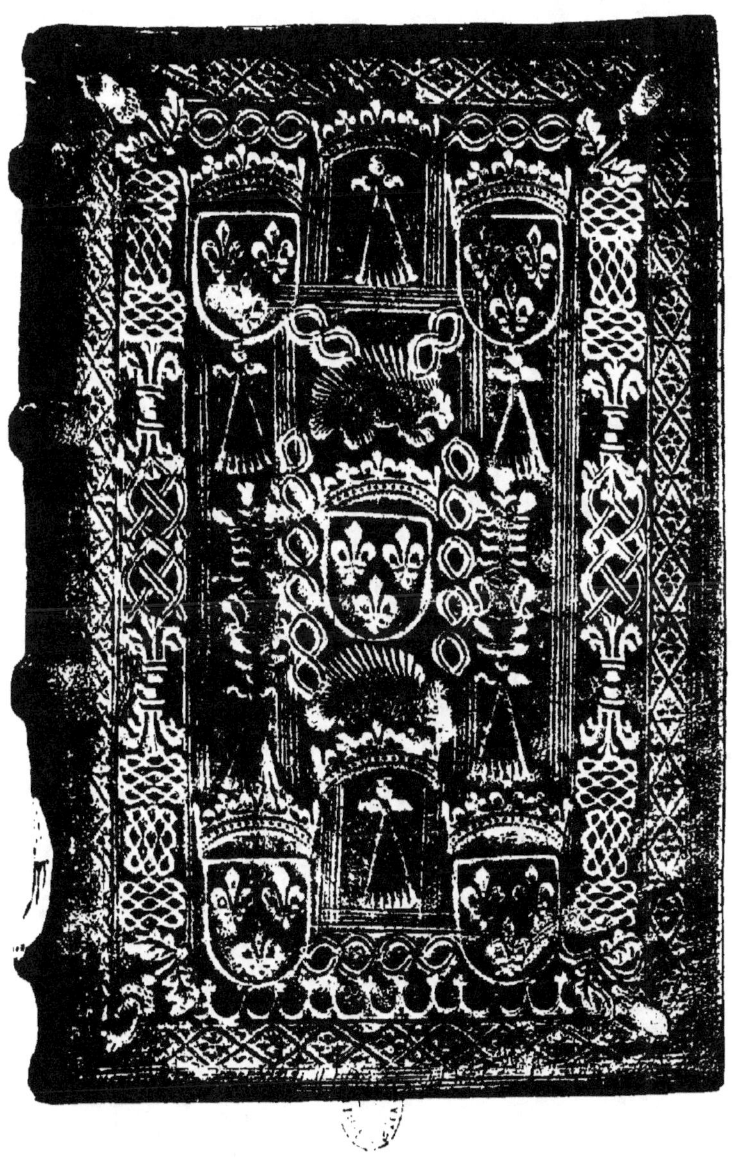

Reliure aux armes de Louis XII

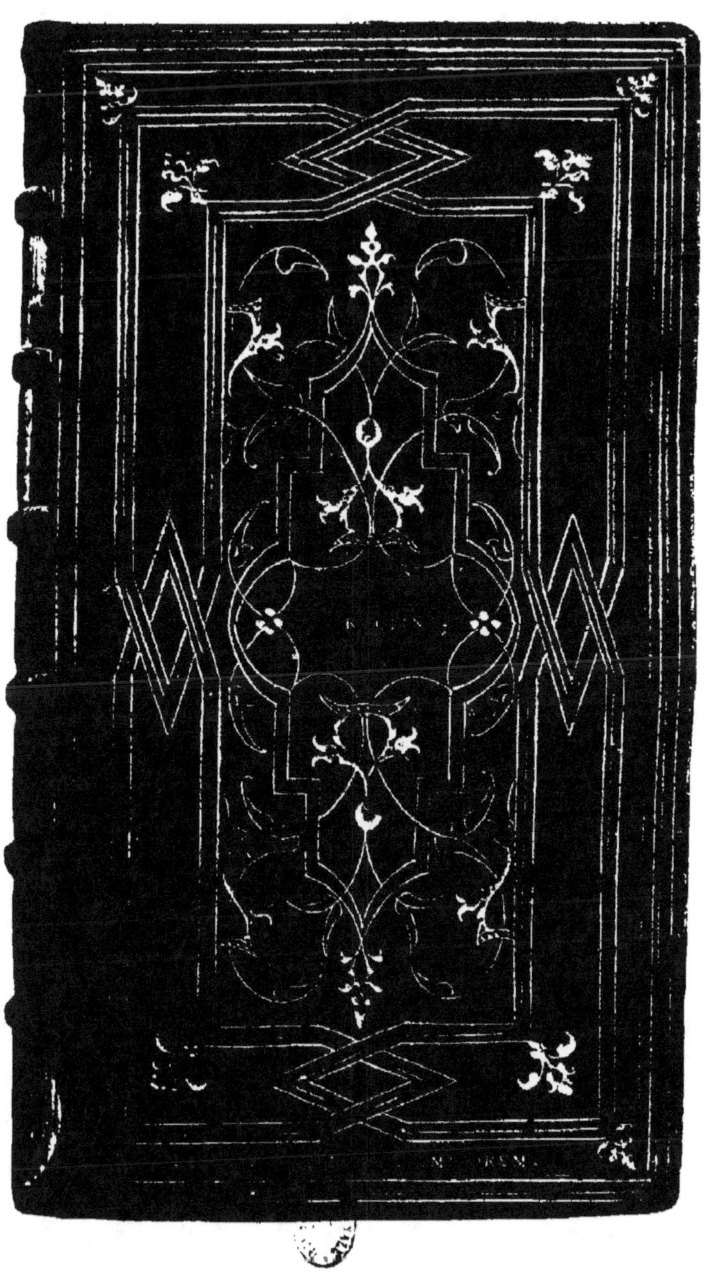

Reliure de Grolier

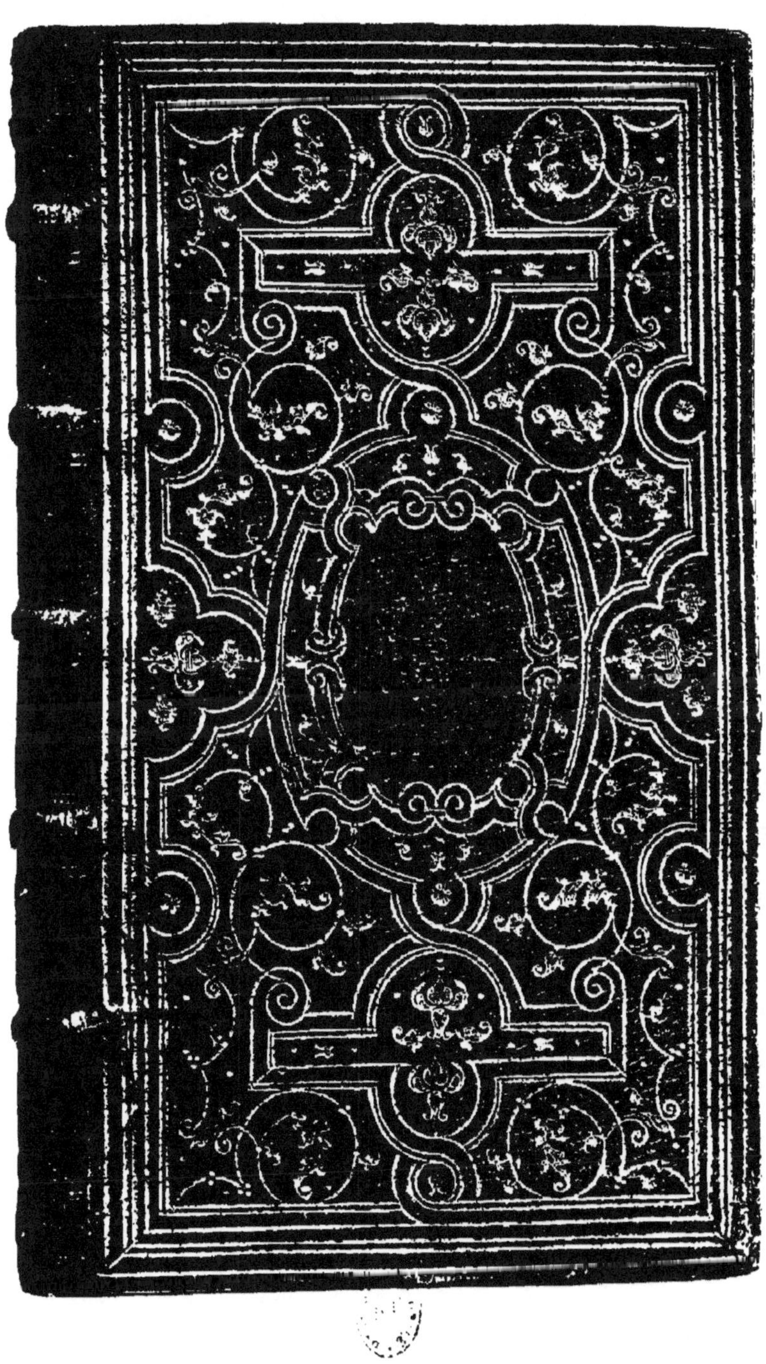

Reliure de Grolier

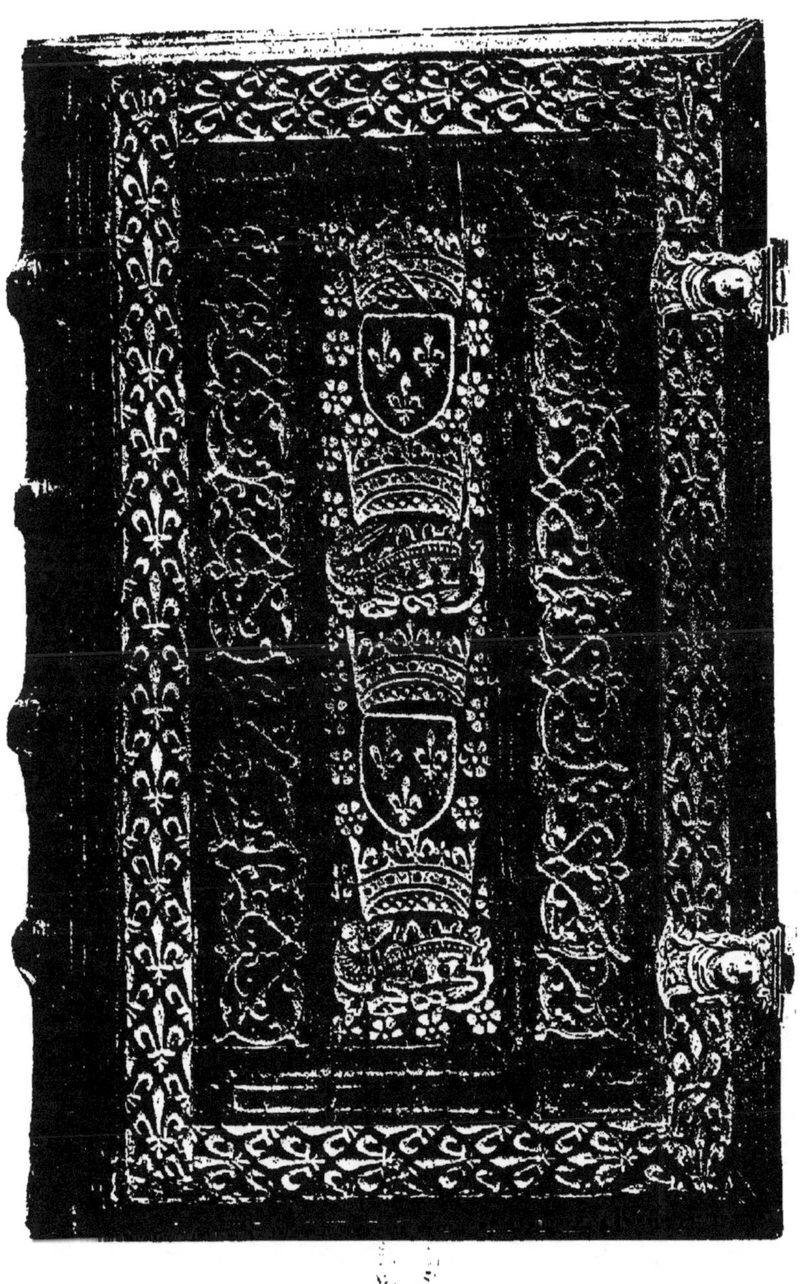

Reliure de François 1er

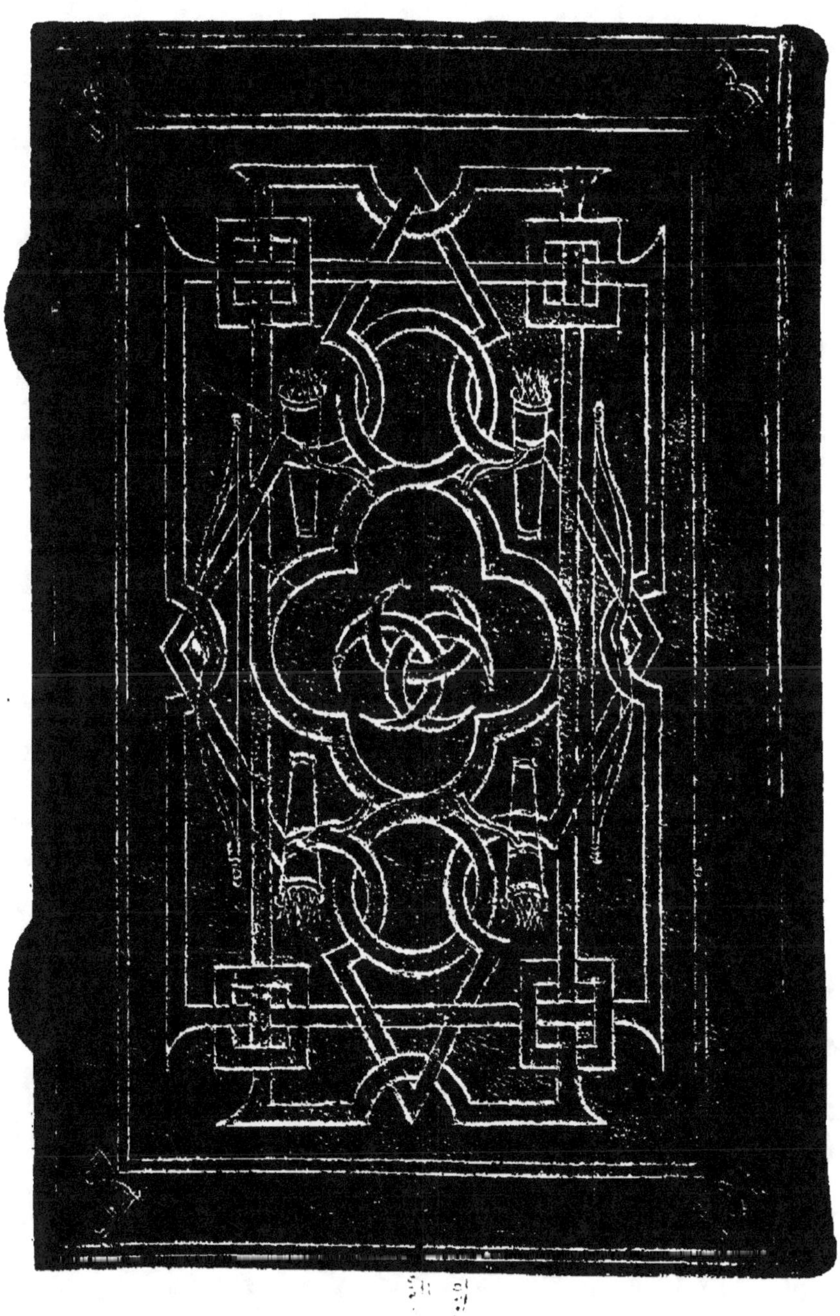

Reliure de Diane de Poitiers

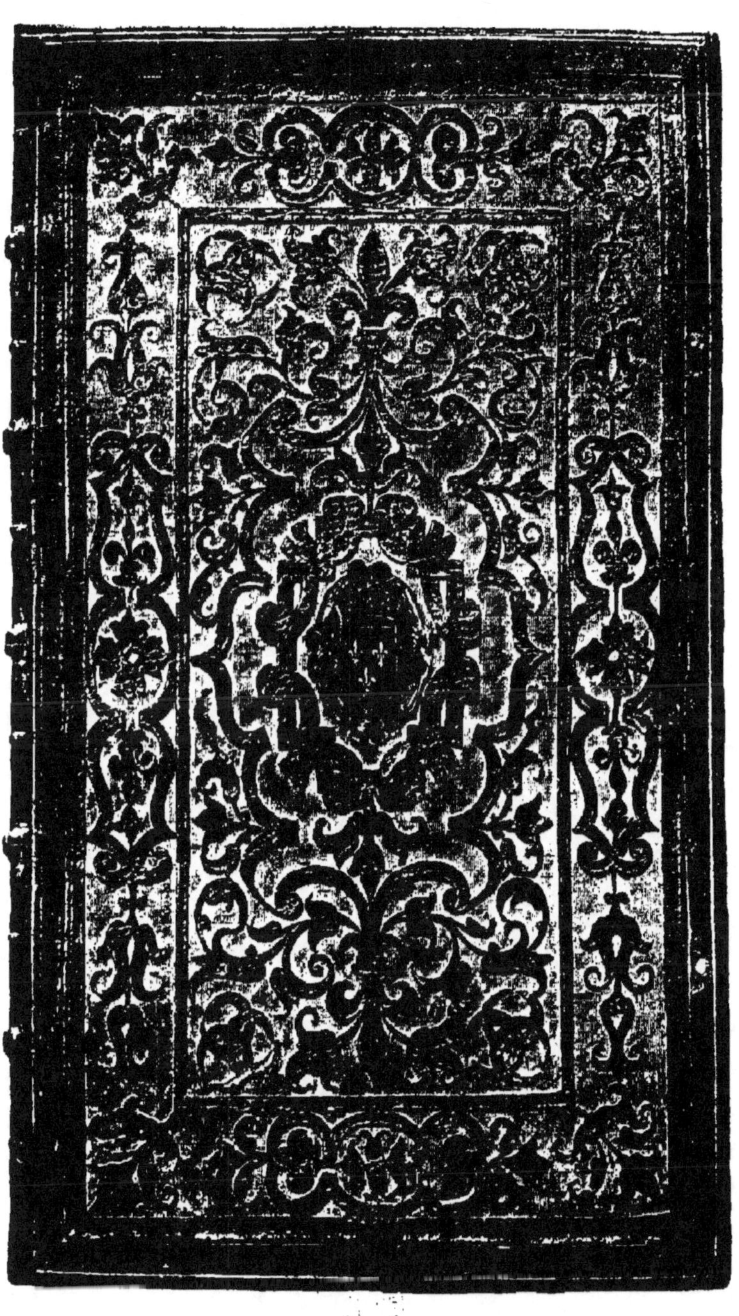

Reliure de Diane de Poitiers

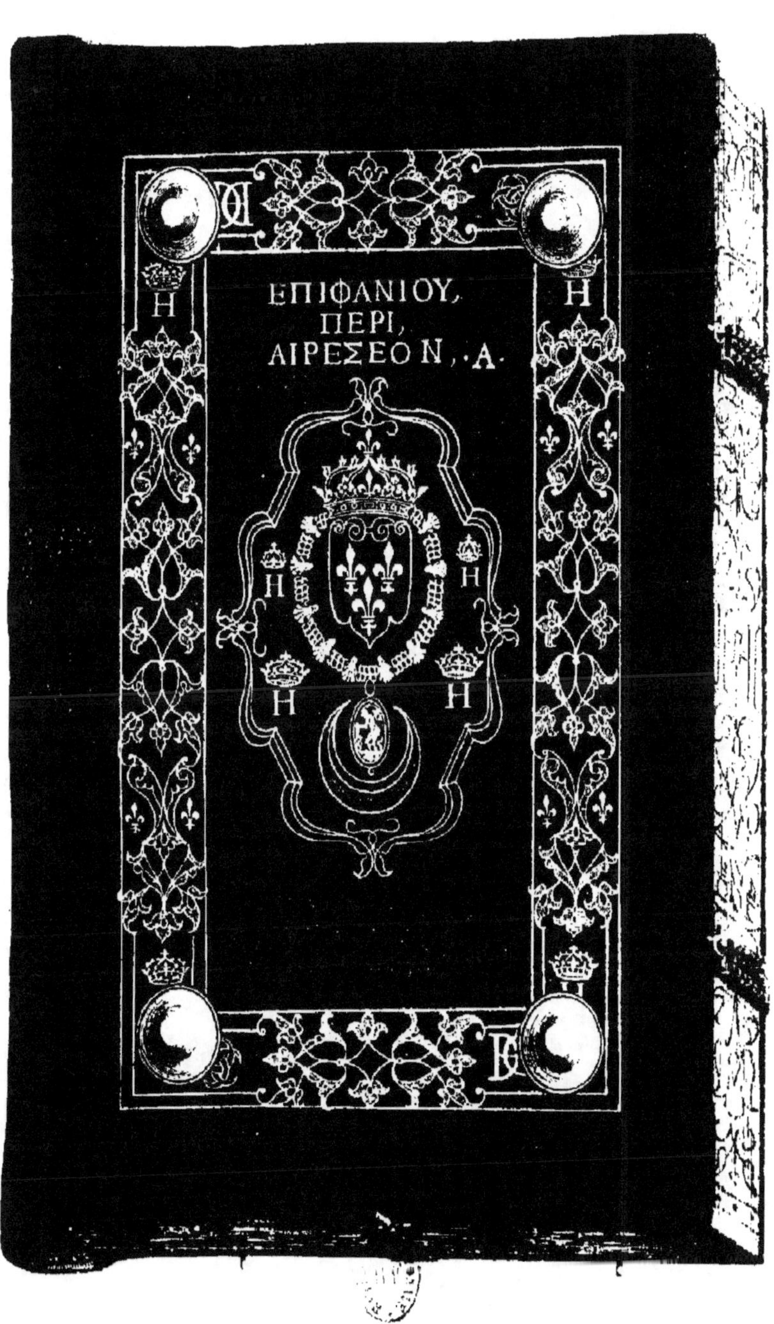

Reliure de Diane de Poitiers

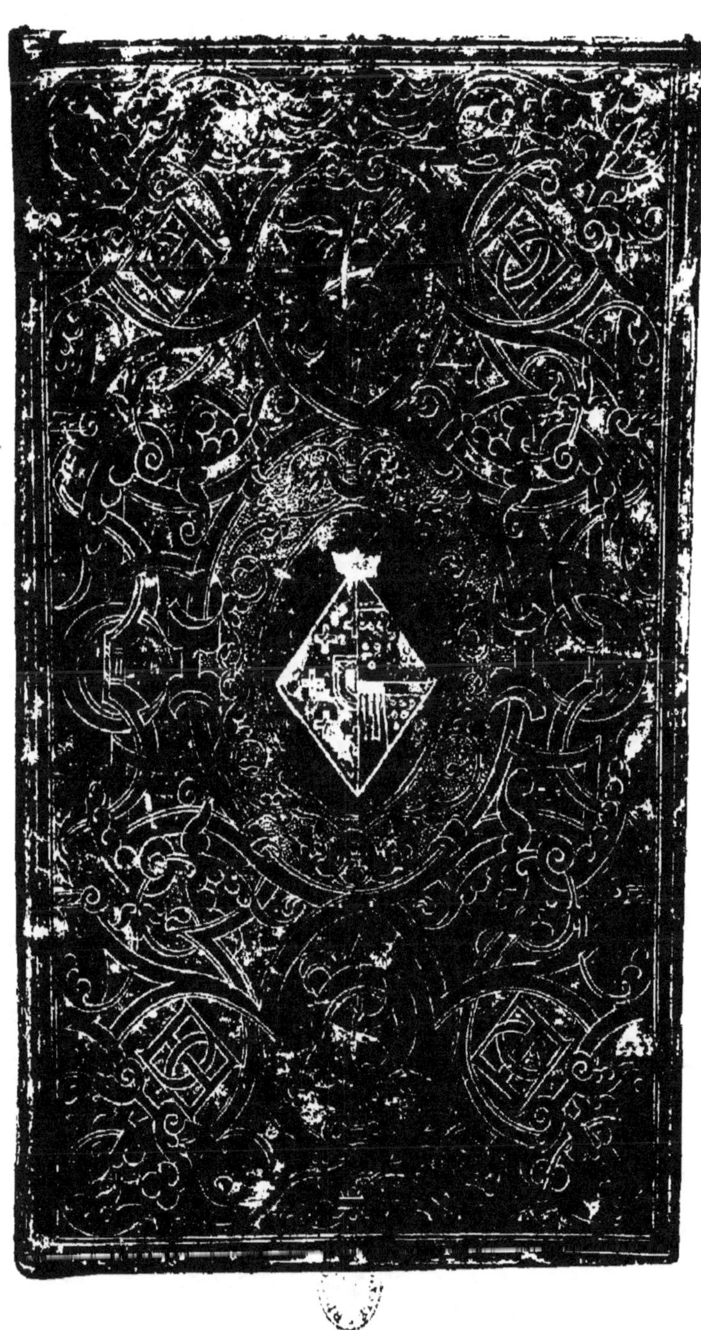

Reliure de Diane de Poitiers

Reliure de Henri III

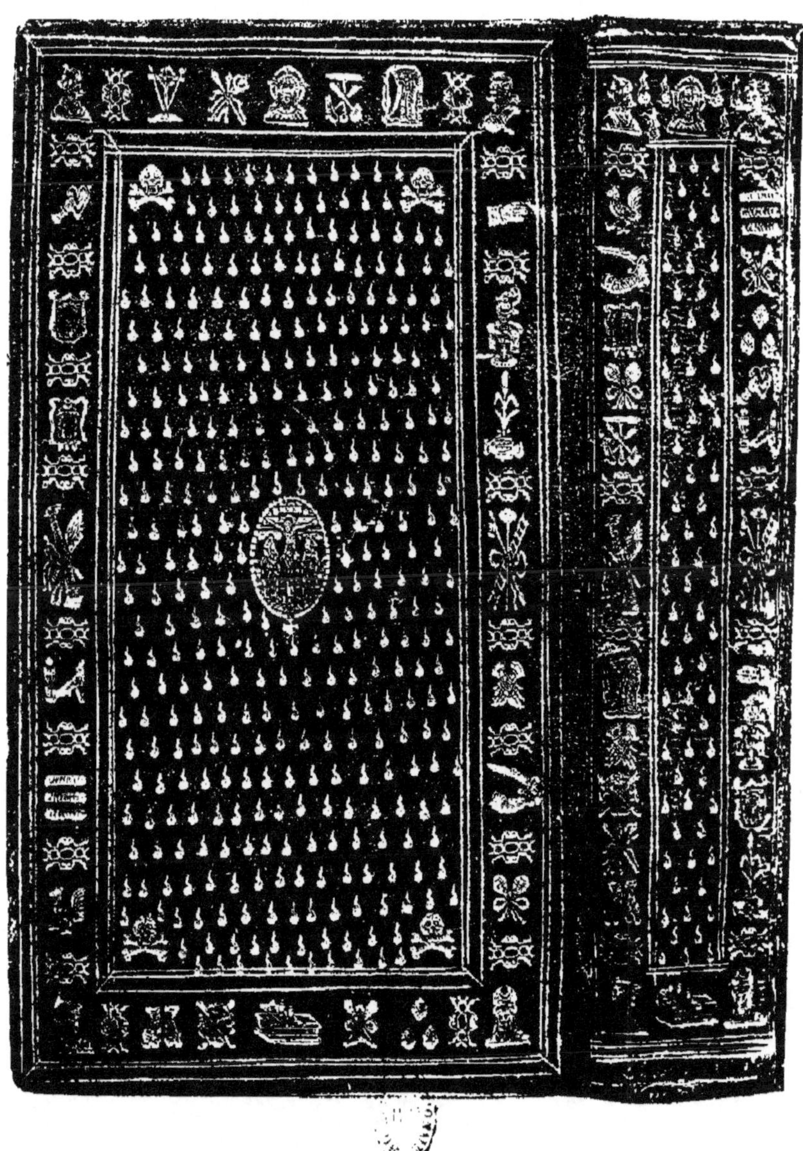

Reliure de Henri III

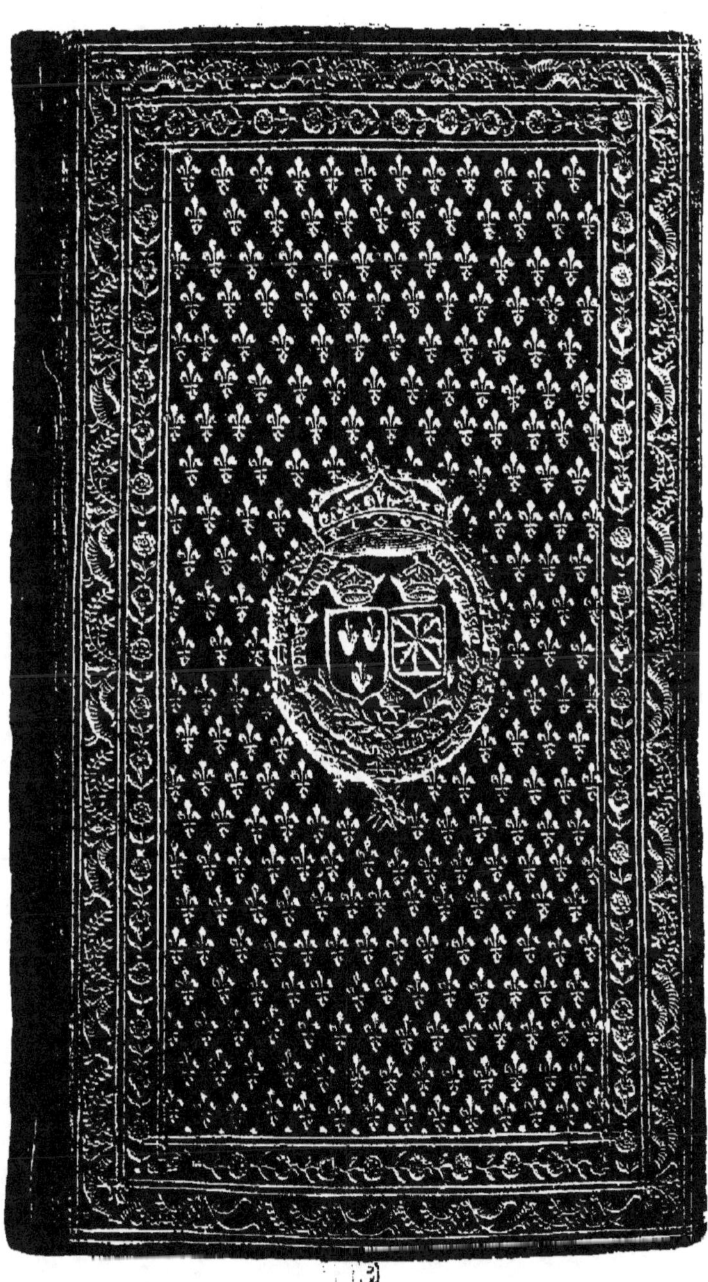

Reliure de Henri IV

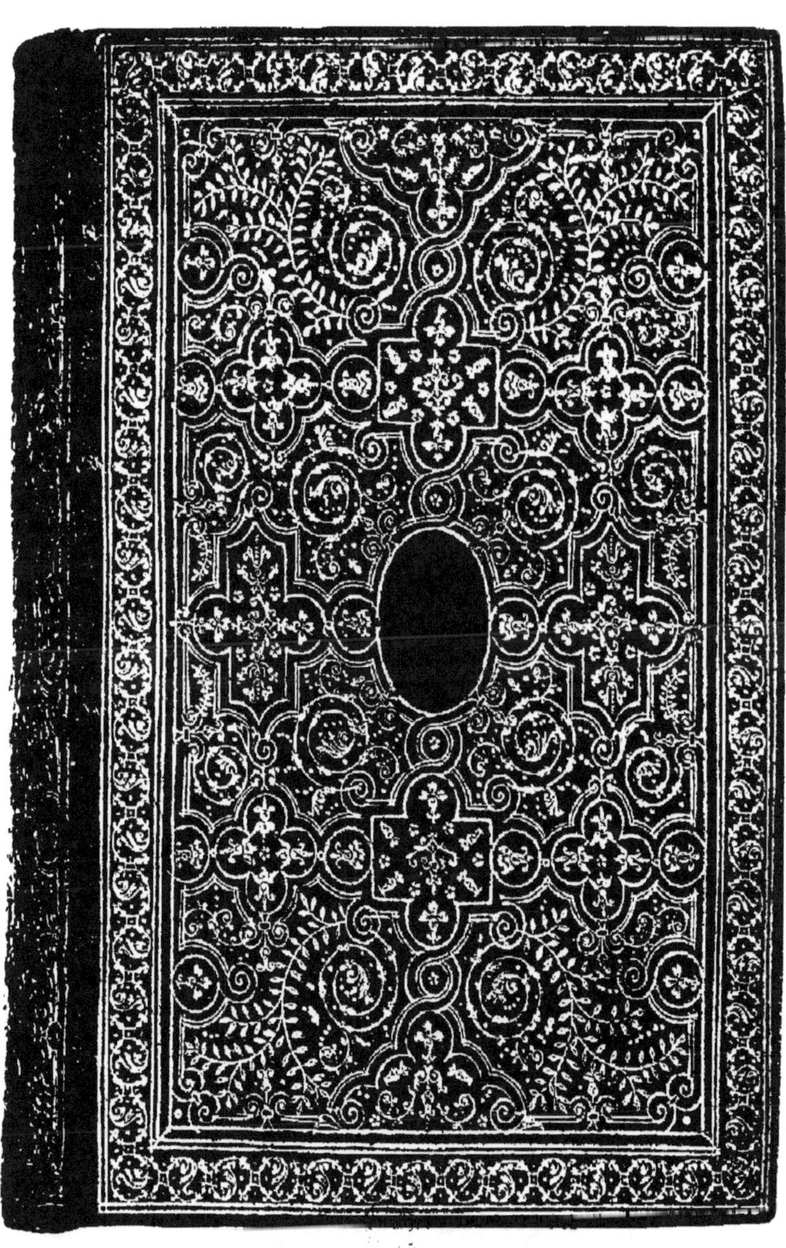

Reliure des Eve

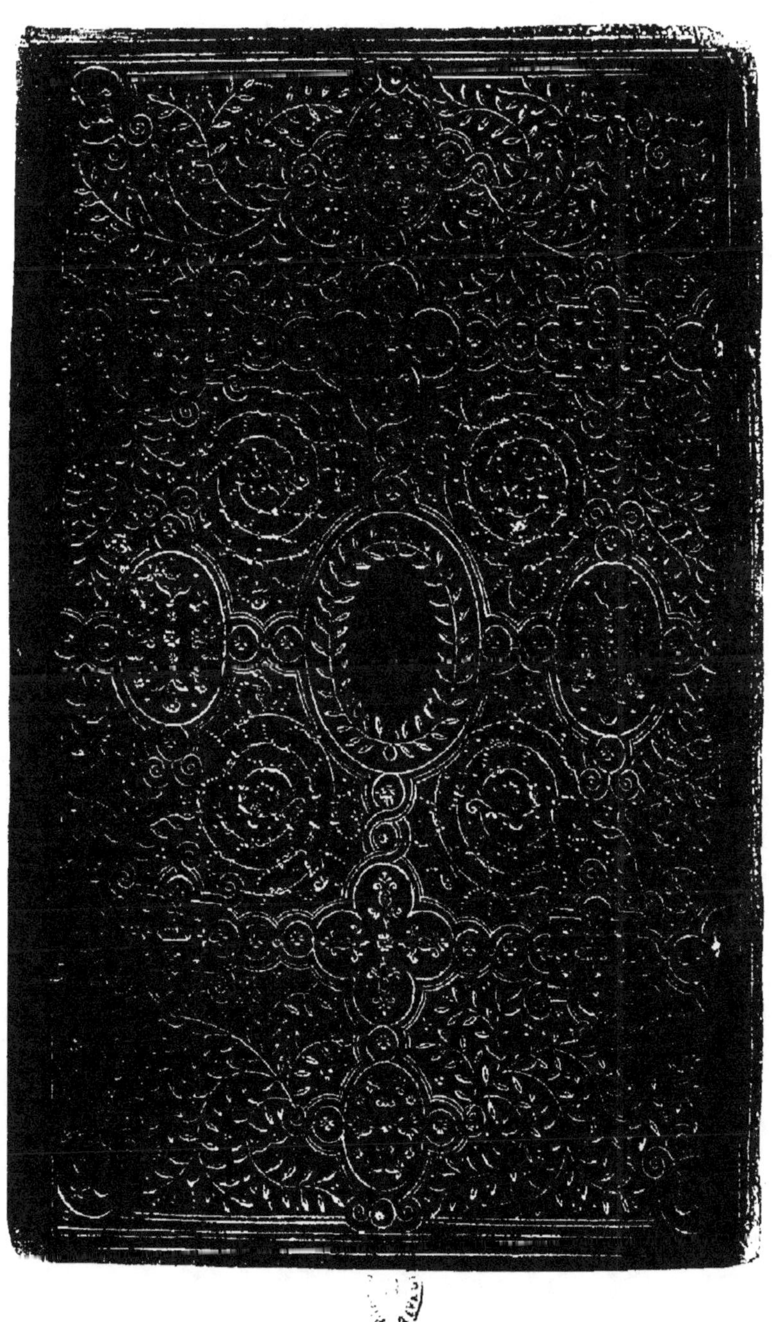

Reliure des Eve

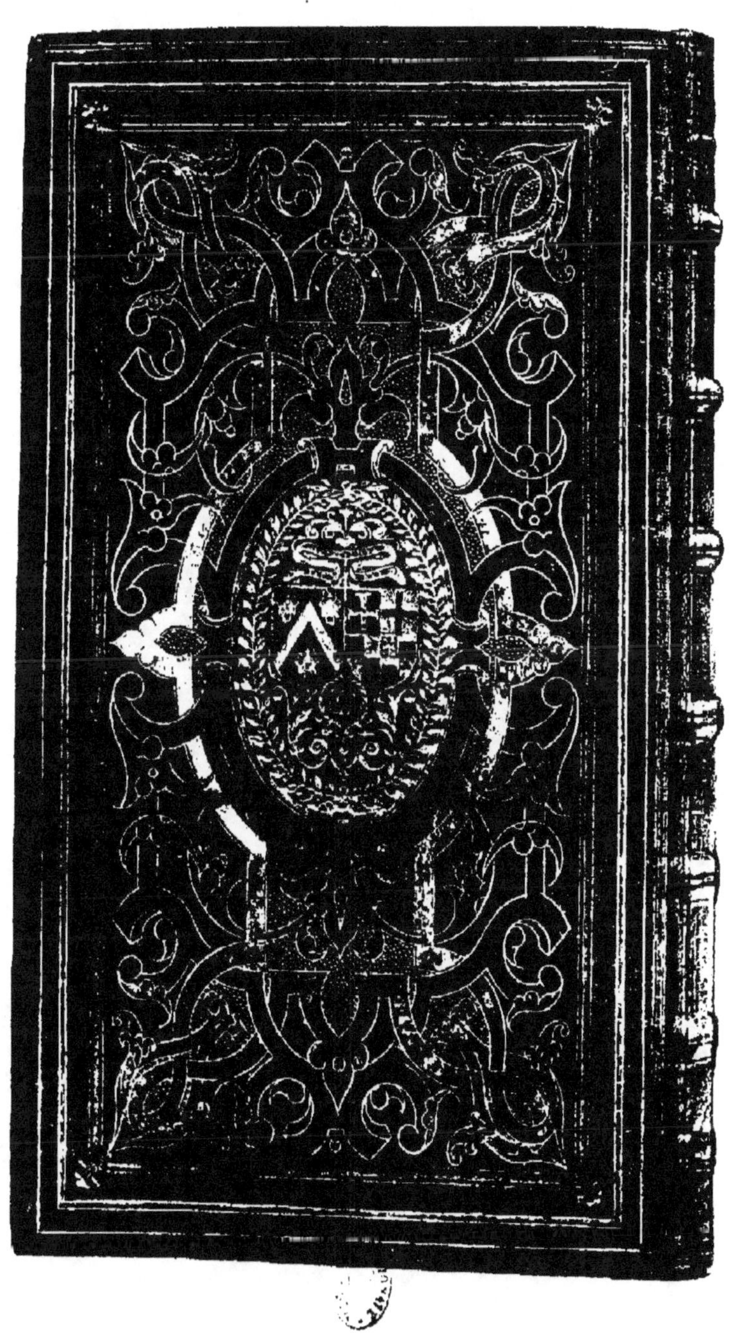

Reliure aux armes de de Thou

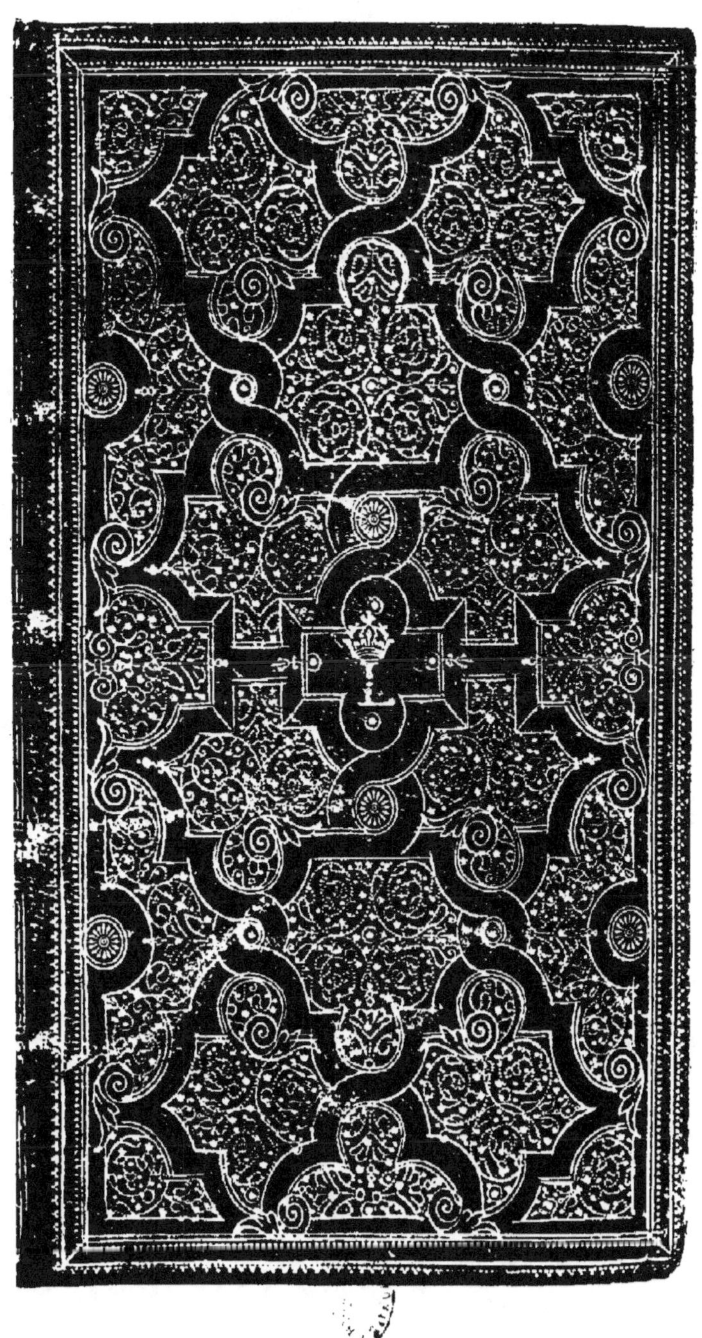

Reliure au chiffre de Louis XIII

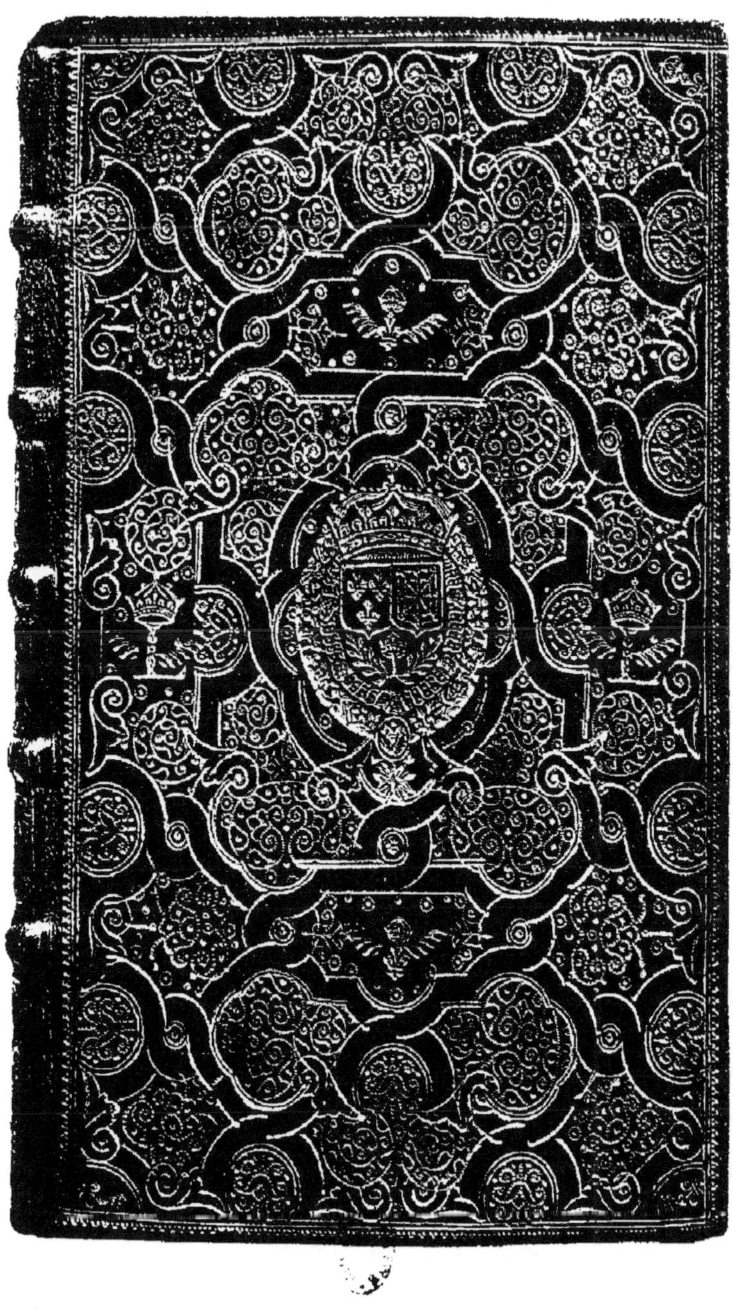

Reliure de Louis XIII

Reliure de Louis XIII et Anne d'Autriche

Reliure de "La Guirlande de Julie", par Le Gascon

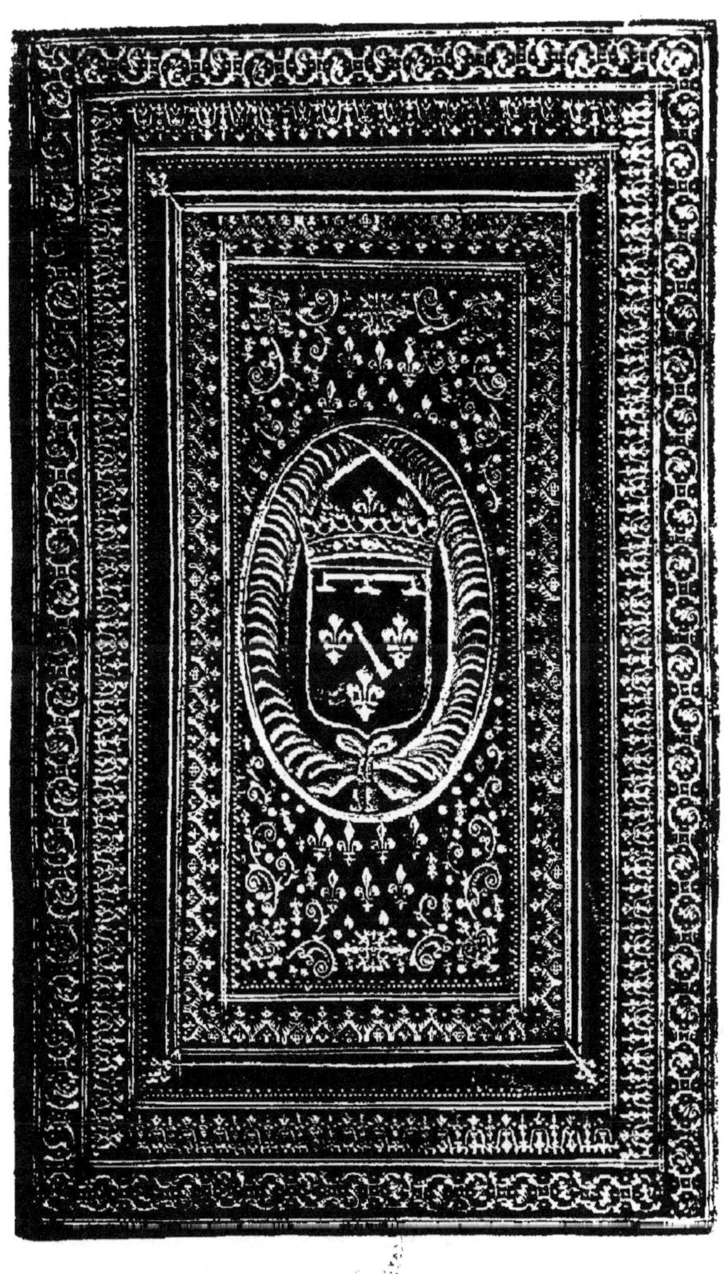

Reliure aux armes de la duchesse de Longueville

Reliure aux armes de Du Fresnoy

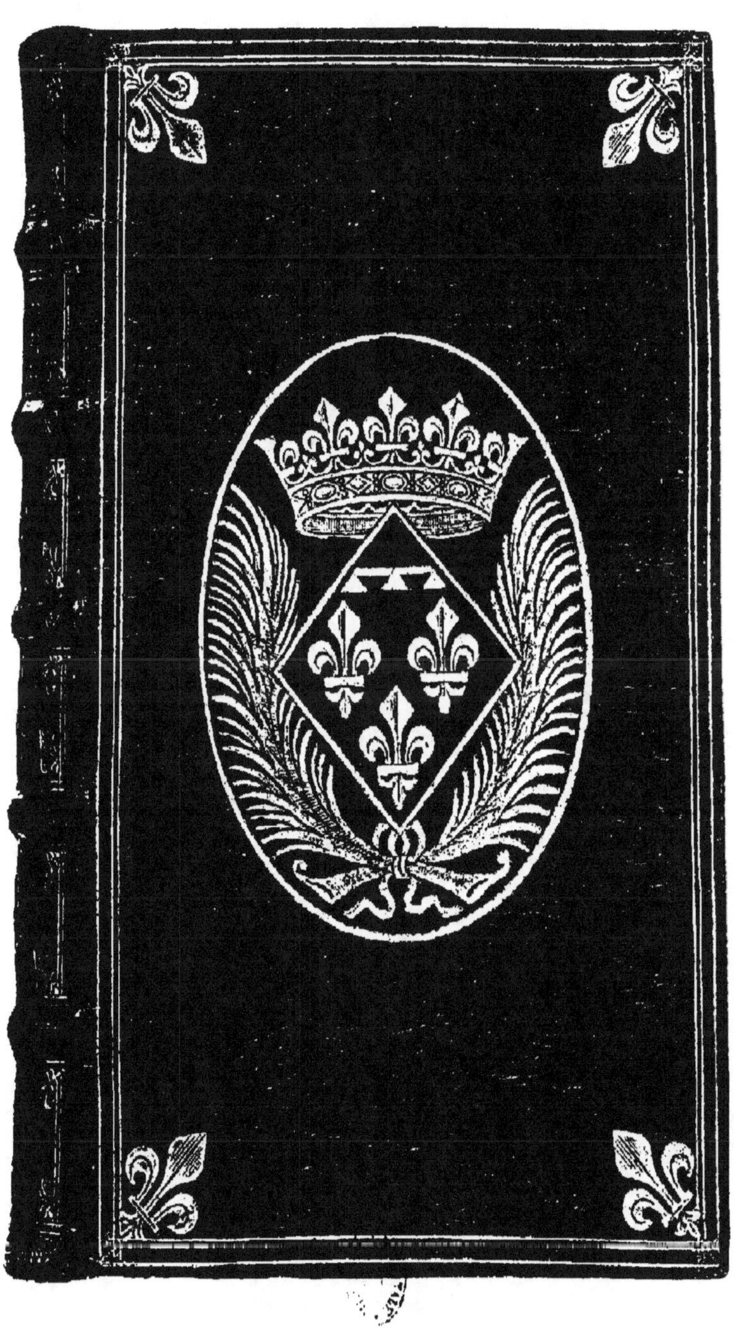

Reliure aux armes de la Grande Mademoiselle

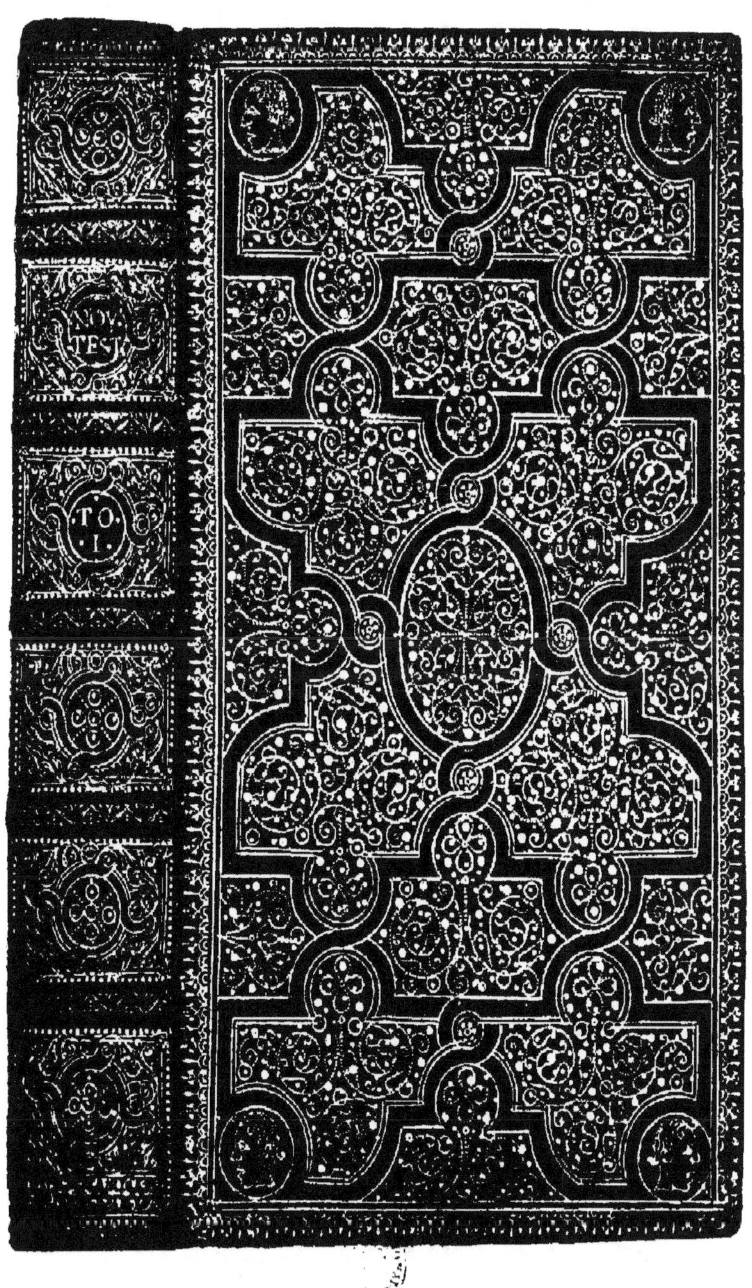

Reliure de Le Gascon

Reliure de Le Gascon

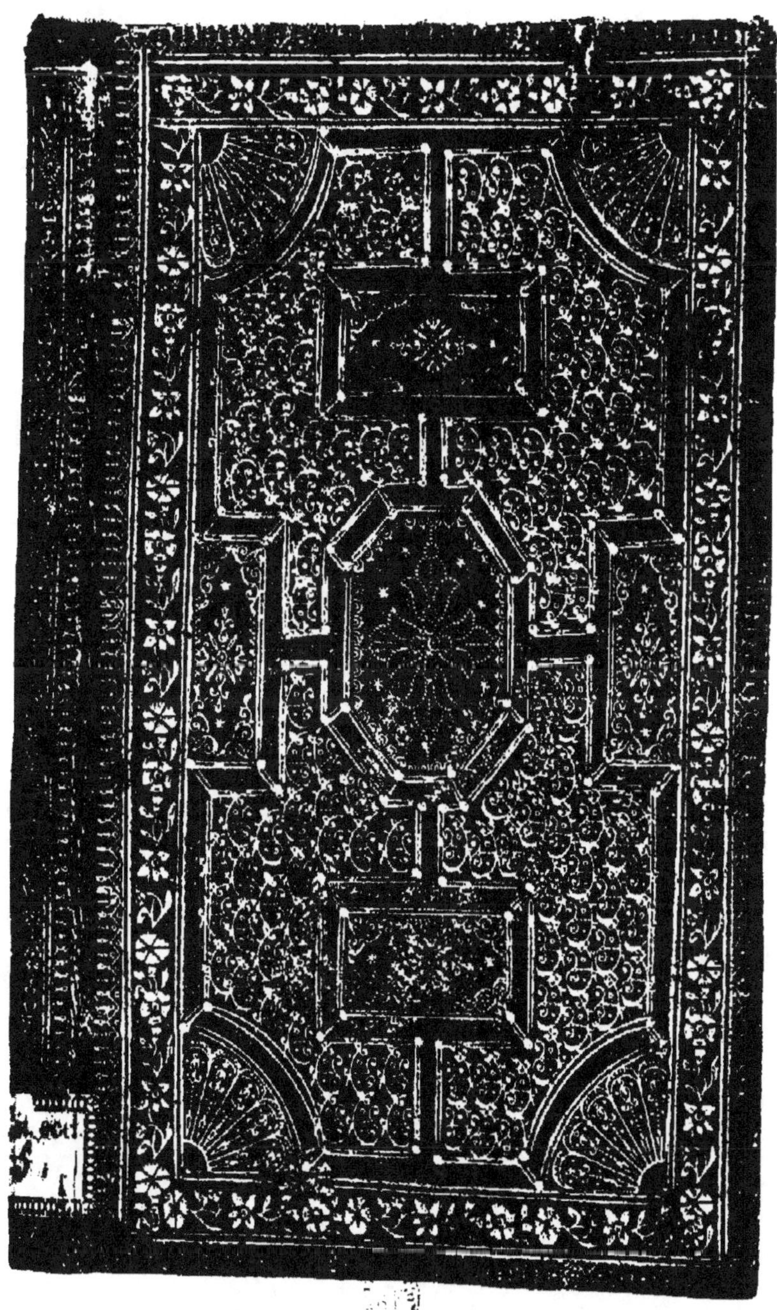

Reliure ancienne dans le goût des pastiches de Le Gascon

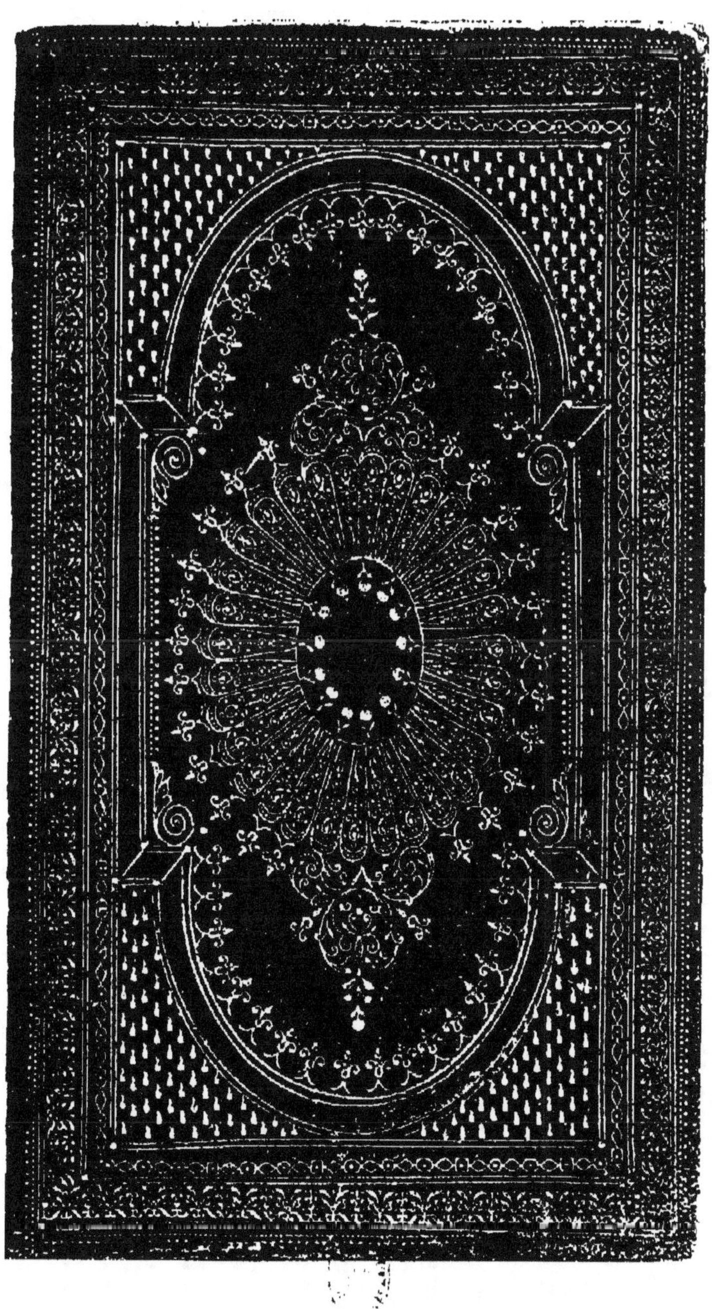

Reliure dite à l'Eventail

www.ingramcontent.com/pod-product-compliance
Lightning Source LLC
LaVergne TN
LVHW050845200726
843507LV00001B/440